GEKREUZIGT FÜR UNS

RELIGIÖSE BILDUNGSARBEIT STUTTGART GMBH – VERLAG
STUTTGART

Diese Veröffentlichung wurde erarbeitet von

Otto Schneider

zusammen mit

Dr. Christoph Keller · Dieter Müller · Roland Rube · Wolfgang Schrenk

Einbandgestaltung: Dieter Groß, Stuttgart
Gesamtherstellung: Georg Riederer, Stuttgart
ISBN 3-921 005-08-6
1. Auflage 1975

Inhaltsverzeichnis

Vorwort

Das Geschehen auf Golgota erfuhr im Laufe der Zeit verschiedene Deutungen. Schon die Apostel und ihre Schüler hatten sich mit dem Kreuzestod Jesu auseinandergesetzt und die Grundlagen für die Kreuzestheologie geschaffen. Spätere Theologen übertrugen das Denken und die Vorstellungen auf ihre Zeit und unternahmen Interpretationsversuche.

Walter Kasper forderte für die Synode der Bistümer in der Bundesrepublik Deutschland ein „Pastorales Zukunftskonzept" und schlug als Rahmenthemen vor: Glauben heute – Kirche heute – Christlicher Dienst in der Welt von heute. Er schrieb dazu: „Der Glaube ist nach dem Trienter Konzil Anfang, Grundlage und Wurzel allen Heils. Alles, was die Kirche tut, muß also vom Glauben ausgehen und auf ihn hinzielen; andernfalls hängen alle, auch die noch so wichtigen und imponierenden Bemühungen in der Luft. Die Pastoralsynode müßte deshalb beginnen mit einer Besinnung auf den Grund, die Mitte und die Vermittlung des Glaubens heute" (Publik 1969, Nr. 21, 25–26). Zur näheren Bestimmung dieser Mitte sollten Schwerpunkte (hierarchia veritatum) der gegenwärtigen Verkündigung herausgestellt werden. Entsprechend der Schrift und der Tradition ist die Botschaft vom Gekreuzigten ein solcher Schwerpunkt und kann deshalb auch in einer Kurzformel des Glaubens nicht fehlen.

Hans Urs von Balthasar hat sich bezüglich des Stellenwerts des Kreuzes Christi beim Zweiten Vatikanischen Konzil in einem Gespräch mit Hanneclâre Bauer geäußert: „Es hat zum Beispiel unendlich viel von der Würde der Person, von der Eignung der Psychologie und der Soziologie zur Gewinnung der Massen, von den Massenmedien und ihrer Benützung geredet, aber sehr wenig (wenn auch zuweilen) von den Urkräften, aus denen alles Christliche auf seine Art in der Welt wirksam wird, zum Beispiel vom Kreuze Christi, von seinem Gehorsam bis in den Tod." Er fügt hinzu: „Die Kirche hat gar keinen anderen Spiegel, um sich zu betrachten, als Jesus Christus, und zwar den Gekreuzigten."

Die Aufgabe der Verkündigung hat Rudolf Schnackenburg beim 80. Deutschen Katholikentag in Stuttgart folgendermaßen umschrieben: „Wir müssen vom Ufer der biblischen Sprache abstoßen und das Wort Gottes hinübersetzen zum Verständnisbereich des heutigen Menschen" (Schnackenburg/Kahlefeld, Exegese und Verkündigung, 1964, 8). Dieses grundsätzliche Bildwort auf das Thema „gekreuzigt" angewandt ergibt folgende Gliederung:

I. Die Botschaft vom Gekreuzigten (Das eine Ufer)
II. Die Situation der tatsächlichen und möglichen Hörer im Blick auf die Botschaft von Jesus dem Gekreuzigten (Das andere Ufer)
III. Thesen zur Verkündigung des Gekreuzigten heute (Die Botschaft ans andere Ufer)

Otto Schneider

Otto Schneider

I. Die Botschaft vom Gekreuzigten

Der Tod Jesu als Ärgernis und Torheit

Die Verurteilung und Hinrichtung Jesu am Kreuz, die schmählichste Hinrichtungsart römischer Justiz, am 14. oder 15. Nisan eines nicht genau datierbaren Jahres (30–32) ist ein Faktum, das auf Widerspruch, auf Unverständnis stieß und stößt.

Juden

Jesus von Nazaret hatte nach Ansicht der Obrigkeit des Volkes und der Schriftgelehrten ihr Gottesbild, ihre Lehre, ihre Ordnung, ihren Kult, ja sie selbst in Frage gestellt. Im Namen des Gottes, der auf die Erfüllung des Gesetzes und auf die Einhaltung kultischer Vorschriften pochte, wollten sie ihn töten und verklagten Jesus bei der römischen Behörde als politischen Unruhestifter. Dies brachte ihm den gewaltsamen Tod am Kreuz.

Der Tod Jesu am Kreuz aber widersprach den Erwartungen der Juden, daß der Messias das Reich Davids wiederherstelle. Jesus konnte folglich doch nicht der Erwartete gewesen sein. Der Kreuzestod war Beweis gegen seine Messianität.

Griechen

Der Mensch der hellenistischen Welt wollte die Möglichkeiten menschlichen Geistes erschöpfen. Er verlangte Erkenntnis, durch die er in das Wesen des Göttlichen einzudringen vermochte. Die Botschaft vom Gekreuzigten war für ihn, der „Weisheit sucht", „Torheit", Unsinn.

Atheisten

Der Tod Jesu war das tragische Scheitern eines Menschen, der es wagte, gegen Vorstellungen, Ordnungen und die religiöse sowie politische Obrigkeit seiner Zeit in Wort und Tat und durch sein Verhalten anzugehen.

Jünger

Die Jünger machten in ihrem Umgang mit Jesus, in seinen Worten, in seinem Verhalten, in seinen Machttaten Erfahrungen, die einzigartig waren. Jesus hatte dadurch in ihnen eine Hoffnung entfacht. Sie glaubten sich selbst in der Güte Gottes geborgen. Die Welt und ihr Leben in der Welt hatte einen Sinn gewonnen. Mit dem Tod Jesu war ihr Glaube und ihre Hoffnung zusammengebrochen. Darum war der Tod Jesu für sie ein dunkles Rätsel. Das bezeugen zum Beispiel das Gespräch der Emmausjünger (Lk 24, 13–35) und die Flucht der Jünger nach Galiläa (Mt 28, 16; Joh 21). Erst seine Auferweckung ließ den Jüngern seinen Tod in einem neuen Licht erscheinen. Das Rätsel, das ihnen sein Tod war, begann sich ein wenig aufzuhellen.

Jesus und sein möglicher Tod

Es besteht kein Zweifel, daß Jesus mit der Möglichkeit und zuletzt auch mit der Gewißheit eines gewaltsamen Todes gerechnet hat. Wer wie er sich gegen die Gesetzesfrömmigkeit wandte und die Nähe des gütigen Gottes allen zusagte, mußte, das Todeslos Johannes des Täufers vor Augen, mit allem rechnen. Das bedeutet nicht, daß er seinen Tod wollte, sondern vielmehr, daß er seinen Tod als gottgewollte Erfüllung seines Schicksals erwartete. Die neuere Forschung zeigt, daß es weder als gesichert gelten kann, ob Jesus seinen Tod als schuldentilgenden Akt verstand, noch als eine Möglichkeit, den Menschen Heil und Erlösung zu bringen. Die Texte, die davon reden, auch die Abendmahlsberichte, sind nachösterliche konzipiert (Vögtle, „Die Frage eines heilsmittlerischen Todesverständnisses Jesu). Schürmann fragt diese Forscher kritisch, „ob der Verzicht auf das vorösterliche ὑπερ von der kritischen Methode und exegetischen Forschungssituation wirklich gefordert ist" (Schürmann, Orientierung an Jesus, 1973, 360). Er stellt diese Frage, weil anzunehmen ist, daß Jesus auch im Sterben sich bestimmen ließ von dem, was er von anderen forderte (Dienst, Feindesliebe) und auch in dieser Situation eintrat für die Sünder, und weil er beim Abendmahl einen doppelten Gebe-Gestus gebrauchte und dazu mögliche Deuteworte sprach. Die Unsicherheit in dieser Frage zeigt, daß Heil und Erlösung für Jesus nicht erst von seinem zukünftigen Tod abhängen, sondern ebenso davon, „daß Menschen diesen durch Jesus eröffneten universal guten Gott auch an sich heranlassen und sich – ineins damit – zu einem entsprechenden Verhalten gegenüber den Mitmenschen freimachen lassen" (Kessler, Erlösung als Befreiung, 1972, 25).

Deutung des Todes Jesu durch die Apostel und ihre Schüler

Synoptiker, Apostelgeschichte und Philipperhymnus

□ Weg der Gerechten

Jesu Leidensweg ist der Weg, den Israel und seine Frommen schon immer gegangen sind (Apg 7, 52): die Gerechten (Ps 22), die Propheten (Mt 23, 37), der Gottesknecht (Apg 8, 32–35). „Sie warfen das Los und verteilten seine Kleider" (Mk 15, 24) klingt an den Psalm eines unschuldig leidenden Frommen an (Ps 22, 19).

□ Blutzeugnis

Jesu gewaltsamer Tod ist Martyrium für seine Sache. Sein Tod ist zu sehen in der Fluchtlinie seiner neuen Heilsbotschaft (Mk 1, 15), seiner neuen Gottesbotschaft (Mt 6, 9) und in seinem diese Botschaft aufschließenden Tun und Verhalten (Mk 2, 13–17; Lk 15, 1–32). Aus Markus 14, 25 spricht die Erwartung des unmittelbaren Anbruchs der Gottesherrschaft. Aus der Gebetsanrede in Getsemane, „Abba" – „Vater" (Mk 14, 36 par), und dem Schrei am Kreuz, „Mein Gott, mein Gott, warum hast du mich verlassen" (Ps 22), ist die Überantwortung an Gott herauszuhören.

□ Vorbild

Jesu Leiden und Tod sind exemplarisch für das Leben der Jünger. Die Leidensansage Jesu (Mk 8, 31–33) wird übergeführt in den Aufruf zur Nachfolge und zum Kreuztragen (Mk 8, 34–9,1; vgl. Joh 13, 12–17, 34–35).

□ Göttliches Muß

Nach dem in den Schriften des Alten Bundes vorhergesagten Heilsplan „mußte Christus leiden" (Lk 24, 25–27.44; Apg 3, 18). Im Tod Jesu hat sich der Wille Gottes vollzogen.

□ Gott beim Gekreuzigten

Gott hat sich in der Auferweckung zu dem gekreuzigten Jesus bekannt und hat dadurch das menschliche Urteil, das Juden und Heiden gesprochen hatten, aufgehoben. „Ihr habt ihn durch die Hand der Heiden ans Kreuz geschlagen und getötet, Gott aber hat ihn auferweckt", heißt es formelhaft in den Summarien der Apostelgeschichte (2, 23–24; 3, 13–15; 4, 10; 5, 30–31; 10, 39–40; 13, 28–30).

□ Erniedrigt – erhöht

Leiden und Tod Jesu sind notwendige Durchgangsstationen in die Herrlichkeit Gottes. Das Ziel des Leidens Jesu ist nach Mattäus seine Einsetzung zum Sohne Gottes in Macht (Mt 28, 16–20). Seine Erniedrigung (Phil 2, 6–8) ist deshalb Voraussetzung für die folgende Erhöhung. „Darum hat Gott ihn über alle erhöht" (Phil 2, 9).

□ Sühne – Bund

Die Abendmahlsworte sind nach dem letzten Abendmahl und nach dem Tod Jesu im Gottesdienst weitergesagt, geformt und erst dann schriftlich niedergelegt worden (Mk 14, 22–25; Mt 26, 26–29; 1 Kor 11, 24–25; Lk 22, 19–20). In der uns heute vorliegenden Fassung wird eine Beziehung hergestellt zwischen dem Tod Jesu als Opfer, Sühne (Sühneopfer erstmals auf Menschen bezogen 4 Makk 6, 28–29; 17, 20–22) und Bundesopfer (Ex 24, 8; Jer 31, 33–34). Durch Jesu Sühnetod werden die Sünden, welche die Menschen von Gott trennten, weggeräumt und dadurch ein neuer Bund von Gott geschlossen.

Paulus

□ Jesu Tod ist ein Tod für uns

Paulus hat die Aussage „Christus starb für unsere Sünden, wie es die Schriften gesagt haben" (1 Kor 15, 3) aus ältester Bekenntnistradition in seine Schriften übernommen und in ihnen weitergeführt. Er sieht den Tod Jesu als Selbsthingabe, zu der ihn seine Liebe drängte (Gal 2, 20). Liebe aber bedeutet bei Paulus, ganz für andere da zu sein, was im Sterben für sie den Höhepunkt erreicht.

Er sieht das „für uns" in seinen Briefen als Tod für die Gottlosen und Sünder (Röm 5, 6–11). Das „für uns" hat bei ihm doppelte Bedeutung: „zu unseren Gunsten" und „in unserer Stellvertretung". Paulus stellt mit dem „für uns" in dieser doppelten Bedeutung unsere Unfähigkeit heraus, aus eigener Kraft das Heil zu erlangen. Heil wird uns geschenkt (Röm 3, 24) schon ehe wir Gottes Willen erfüllen (Röm 5, 6–11). Wir müssen es aber annehmen. Paulus redet nie eindeutig vom Tod Jesu als Opfer (vgl. Röm 3, 25: Sühnemittel; 1 Kor 5, 7: Paschalamm).

□ Durch den Tod Jesu versöhnt sich Gott mit uns

Gott hat durch Christus die Welt mit sich versöhnt (2 Kor 5, 19). An uns Menschen ist es, die Versöhnungstat Gottes in Christus anzunehmen. Sie wird dem Menschen durch die Verkündigung der durch Christus Gesandten angeboten (2 Kor 5, 20).

□ Der Tod Jesu bedeutet Befreiung zur Freiheit

Jesus setzt sich und sein Leben bis zum Tod am Kreuz ein um der anderen, der Schwachen, der vom Gesetz, der Sünde, dem göttlichen Zorn und dem Tod Bedrohten willen (Gal 3, 13; Röm 5, 9; 8, 2). In Jesus, dem Niedrigen, dem Getöteten, hat Gott uns von diesen bedrohenden Mächten befreit zur Freiheit der Kinder Gottes (Gal 2, 4; 4, 5–6; 5, 1). Durch Jesu Leben und Sterben ist unser Leben und Sterben gegründet in Gottes Liebe. Durch ihn sind wir davon frei, uns um Gottes Liebe bemühen zu müssen, durch ihn wurde sie uns geschenkt. In seiner Liebe sind wir frei zum Leben für andere, und weil sie stärker ist als der Tod auch frei von Todesangst. Unser Lebensraum ist die Liebe Gottes und Christi.

□ Gott gibt ihn für alle

Der Tod Jesu ist Tat der unbegreiflichen Liebe Gottes. Gott hat seinen eigenen Sohn nicht verschont, sondern ihn für alle dahingegeben (Röm 8, 32; Joh 3, 16; vgl. Joh 4, 34; 10,17; 17, 4; 19, 30).

□ Der Gekreuzigte kommt

Jesus, der „gelitten hat", ist der Kommende. „Bis er kommt" in Herrlichkeit, verkünden wir seinen Tod in der Feier der Eucharistie (1 Kor 11, 26).

Johannes

□ Der Kreuzestod gehört zum Sendungsauftrag Jesu

Jesus, der gehorsame Sohn Gottes, erfüllt seine Sendung im Sterben. Nach dem Willen des Vaters kann das Heil (mit Jesus beim Vater zu sein und an dessen Herrlichkeit teilzuhaben) nur durch das Kreuz bewirkt werden. Jesus vollzieht den Auftrag des Vaters in Gehorsam und Liebe (Joh 14, 31).

□ Verherrlichung des Vaters und seiner selbst

Jesus verherrlicht den Vater in der Hingabe seines Lebens, weil er dessen Auftrag erfüllt (Joh 17, 4). Aber auch für Jesus bedeutet der Tod Verherrlichung, weil er über das Kreuz in die Herrlichkeit des Vaters zurückkehrt (Joh 17, 5).

□ Der Geist vollendet das Werk Jesu

Jesus kehrt über das Kreuz zum Vater zurück. Er tut es, damit er den Beistand sende (Joh 16, 7). Der Beistand aber soll Jesu „Werk" (uns Gott als den Vater zu offenbaren und den Weg zu ihm zu ebnen) in der Kirche weiterführen und vollenden.

Deutungen des Todes Jesu in der Zeit nach den Aposteln bis heute

Frühere Deutungsversuche

□ Satisfaktionstheorie (Anselm von Canterbury, 1033–1109)

Die unendliche Beleidigung Gottes (unendlich, weil Gott durch die Sünde getroffen wurde) ruft nach einer unendlichen Wiedergutmachung.

□ Rekapitulationstheorie (Irenäus von Lyon, † um 202)

Christus schafft als der neue Adam die ganze Schöpfung neu, stellt sie wieder her und führt sie zu ihrem ursprünglichen Zustand zurück.

□ Redemptionstheorie (Origines, † 254; Gregor der Große, † um 600)

Die Menschen sind Eigentum des Teufels. Durch seinen Tod bezahlt Jesus den Lösepreis, um sie wieder zum Eigentum Gottes zu machen.

□ Imputationstheorie (Luther)

Indem Gott Jesus die Schuld zugerechnet und auf ihn geladen hat, wurde sie uns genommen.

Gegenwärtige Deutungsversuche

Das Kreuz wird gesehen als Ausdruck für die Realität der Liebe, die sich gänzlich gibt und dadurch Heil schafft (Ratzinger). An Jesu Leben und Sterben können wir Wesentliches für unser Leben und Sterben ablesen. Vor allem wird deutlich, daß es eine erlösende Teilnahme Gottes an der Situation des Menschen gibt (Seckler). Das Dasein Jesu für andere bis zur Hingabe seines Lebens ist Anruf an uns, vom ichbezogenen Dasein weg zu einem Dasein für andere zu kommen (Sölle). Die Heilsbedeutung von Leiden und Tod Jesu sind zu sehen im Kontext der Botschaft und des Verhaltens Jesu. Die Bedeutung seines Todes darf nicht abgelöst werden von der Bedeutung Jesu überhaupt (Kessler). Der Tod muß außerdem gesehen werden nicht nur in seiner Heilswirkung, sondern auch in dem, was er über Gott aussagt. Gott aber im gottverlassenen Gekreuzigten zu begreifen, bedeutet eine „Revolution im Gottesbegriff". Jesus, der Sohn Gottes, erleidet das Sterben in Verlassenheit. Der Vater aber, der ihn verläßt und hingibt, erleidet den Tod seines Sohnes im unendlichen Schmerz der Liebe (Moltmann).

Die Verschiedenheit der Antworten auf die Frage: „Warum ist Jesus den Kreuzestod gestorben?" und die vielen Deutungsversuche lassen uns erkennen:

Letztlich ist der Kreuzestod Jesu ein unergründliches Geheimnis, das sich unserem Erkennen mehr verbirgt als enthüllt.

Wir dürfen keine Antwort und keinen Deutungsversuch verabsolutieren. Wir liefen sonst Gefahr, die Botschaft vom Kreuz mit einem zusätzlichen, von Gott nicht gewollten Ärgernis zu belasten und vielleicht manchen Menschen den Zugang zum Kreuz zu erschweren.

Und doch hat die jeweilige Situation der Gemeinde oder der Kirche, so sagt uns schon der biblische Befund, eine je bestimmte Antwort und Deutung des Kreuzestodes mitgeformt. So müssen auch wir in unserer Verkündigung die Situation der Gegenwart berücksichtigen.

II. Die Situation der Hörer im Blick auf die Botschaft von Jesus dem Gekreuzigten

Anthropologische Ausrichtung unserer Zeit

Der von Gott freie Mensch nimmt sein Schicksal selbst planend und umsichtig gestaltend in die Hand. Die Hypothese „Gott" ist ihm dabei eher ein Hindernis. Erstaunlich ist, daß trotzdem Bücher wie „Wer ist das eigentlich – Gott?" (Hans Jürgen Schultz, München 1969) oder: „Gott heute" (Norbert Kutschki, Mainz 1967) oder: „Die Sache mit Gott" und „Gott kann nicht sterben" (Heinz Zahrnt, München 1967 und 1970) mit verhältnismäßig großem Interesse aufgenommen werden. Die anthropologische Ausrichtung unserer Zeit macht es jedoch notwendig, daß wir in Fragen der Christologie und Soteriologie und damit auch in der Botschaft vom Gekreuzigten ausgehen vom Menschen Jesus von Nazaret.

Auswirkung der Satisfaktionstheorie

Das zweite Jahrtausend war in Theologie und Verkündigung der Kreuzesbotschaft vornehmlich bestimmt von der Anselm'schen Satisfaktionstheorie. Das gilt bis zur Mitte unseres Jahrhunderts und noch darüber hinaus.

Der Tod Jesu am Kreuz wird bei Franz Diekamp (Katholische Dogmatik, Münster 1939) unter dem Hauptthema: „das priesterliche Amt" und den Aspekten: „das Opfer Christi, die Wirksamkeit des Todes Christi als Versöhnungsopfer und Loskauf, die stellvertretende Genugtuung und das Verdienst Christi" behandelt. Ludwig Ott (Grundriß der Dogmatik, Freiburg 1952) sieht den Tod Jesu vornehmlich unter dem Aspekt des Opfers und schließt sich in der Thematik an Diekamp an. Im „Katholischen Katechismus" (Freiburg 1955) steht: „Das Leiden und Sterben Jesu war ein Opfer von unendlichem Wert" (Seite 59). Und im „Glaubensbuch für das dritte und vierte Schuljahr" heißt es: „Jede Sünde ist schlimm. Sie beleidigt den heiligen Gott, unseren gütigen Vater" (Seite 176). Im Kommentar zum Glaubensbuch von Peil und Weber ist sogar zu lesen: „Jede Sünde, auch die kleinste, muß ihn beleidigen" (Seite 121). Die Vorstellung von Gott, der durch die Sünde beleidigt wird, birgt die Gefahr in sich, das Bußsakrament zu einem Geschehen abzuwerten, in dem eine verletzte Ordnung wiederhergestellt wird (Reparaturvorgang).

Abrücken von der Satisfaktionstheorie

Theologie und Verkündigung sehen seit einigen Jahren die Bedeutung des Todes Jesu in einer weiteren Skala. Der „Holländische Katechismus" spricht von „Loskauf", „Versöhnung", von der „schöpferischen Macht Gottes, die uns gerecht macht", vom „neuen Bund in seinem Blute" und „Jesus ist ganz in unsere durch Sünde und Tod gezeichnete Welt eingegangen" und sagt: „Alle diese Ausdrücke weisen uns hin auf Jesu Gehorsam, seinen Dienst bis in den Tod. Sie sagen also nicht, der Vater habe Jesu Schmerzen gebraucht als stellvertretende Strafe. Gott braucht Jesu Leben als stellvertretende Liebe" (Seite 316–317). Im „Arbeitsbuch zur Glaubensunterweisung – Glauben – Leben – Handeln" (Freiburg 1969) wird Jesu Gehorsam und Liebe bis in den Tod als Überwindung der Sünde, als Verbindung mit dem Vater und als Tor zum Leben gesehen (Seite 601). In dem von Johannes Feiner und Lukas Vischer herausgegebenen „Neuen Glaubensbuch" wird neben den Leidensgeschichten auf Verkündigungsformeln, die vom Tode Jesu sprechen, verwiesen (1 Kor 15, 3–5; Röm 3, 25; 4, 25; 1 Thes 2, 15) und von verschiedenen Interpretationsweisen schon im Neuen Testament gesprochen (Seite 161–162, 164–165, 286–287).

Einwände und Fragen der Menschen von heute zur Botschaft des Gekreuzigten

Produkt der Jünger?

Sind die Leidensgeschichten und andere Aussagen des Neuen Testamentes, die den Tod Jesu als einen Tod zum Heil für die

Welt proklamieren, nicht Produkte eines frommen Jüngerkreises, der dadurch seinen Meister verherrlichen wollte? Außer dem Tod Jesu am Kreuz und der daraus zu erschließenden Verhaftung und Verurteilung durch ein römisches Gericht (Kreuzestod) lassen sich historisch keine sicheren Aussagen machen.

Mittel zur Unterwerfung?

Durch die Verkündigung des Kreuzestodes wurden gewiß viele Menschen zu selbstlosem Dienst und zu künstlerischem Schaffen angeregt; die Geschichte des Mittelmeerraumes und sogar des ganzen Abendlandes wurde davon mitbestimmt. Hat die Verkündigung des Todes Jesu nicht aber auch erschreckende Nebenwirkungen gehabt? Mächtige Institutionen (Päpste, Kaiser, Könige, Fürsten) haben sich auf sie berufen, um andere Völker und Rassen in Religionskriegen und Kreuzzügen blutig zu unterwerfen, um ihre Untertanen in Angst und Schuldbewußtsein zu halten. Wurde die Kreuzesbotschaft nicht tatsächlich zum „Opium für das Volk" gemacht, indem man ihm vorhielt, es müsse sich wie der schweigend leidende Herr mit den gegebenen Umständen abfinden und auf den Lohn im Himmel warten?

Verführung zum Töten?

Im Bild des Gekreuzigten wird auch ein Mahnmal gezeigt: Töten, grausam Töten, heißt Schuld auf sich laden. Entstehende Schuldgefühle sollten der Lust am Töten eigentlich entgegentreten. Zu viele Menschen foltern jedoch trotz Jahrtausenden der Predigt des Gebots, nicht zu töten.

Da Lust erfinderisch ist, auch die Folterlust, hat der Anblick des Gekreuzigten nicht nur Mitleid und Schuld erweckt, sondern ebenso Lust am Töten und Zerstören, ja er hat die Menschen verführt, den Mitmenschen zu quälen. Von unseren Triebwünschen können wir nicht erlöst werden von außen durch einen Heilsbringer, sondern nur soweit wir Kenntnis von uns selbst haben (vgl. Mitscherlich, Die Idee des Friedens und die menschliche Aggressivität, 1969, 99).

Impulse zur Weltveränderung?

Gehen von denen, die die Kreuzesbotschaft angenommen haben, Impulse zur Veränderung der wirtschaftlichen, politischen, gesellschaftlichen Weltsituation aus?

Hindernis für den Fortschritt?

Hindert die Botschaft vom Kreuz nicht den Fortschritt, das Fortschrittsdenken (Wissenschaft, Technik, Medizin)? Ruft die Kreuzesbotschaft nicht zu einer menschenunwürdigen Lebensweise, die sich mit allem abfindet? Muß sie nicht deshalb im Namen der Humanität bekämpft werden? Ist sie nicht, gegen Paulus gesprochen, doch eine Torheit?

Helfende Tat?

Ist es angesichts des Leides der Welt (verursacht durch Katastrophen, Hungersnöte, Kriege, ungerechte Besitzverteilung) nicht besser, sich von dieser Botschaft ab und der helfenden Tat zuzuwenden?

Last der Fragen

Bringt die Kreuzesbotschaft Antwort auf die Last der Fragen, die den Menschen bedrängen (Sinn und Ziel des Daseins, Krankheit, Tod)? „Das Unbehagen über mangelnde Antworten auf Fragen wird gestillt durch irgendwelche Ersatzantworten. So entstand eine bunte Palette mystischer Deutungen ‚letzter Fragen', die zwar nichts erklären, wohl aber geeignet waren, fragende Kinder zu beruhigen ... Das Selbstverständnis des Menschen wird sich nicht mehr durch Ersatzantworten befriedigen lassen, sondern nur noch durch wissenschaftlich überzeugende Aussagen" (Steinbuch, Die informierte Gesellschaft, 1969, 332–333).

Die anthropologische Ausrichtung unserer Zeit, die primäre Frage vieler Menschen: „Wo bist du Gott?", die lange Zeit vorherrschende einseitige Verkündigung der Bedeutung des Kreuzestodes und die Einwände und Fragen, die Menschen heute zur Kreuzesbotschaft stellen, müssen wir in unserer Verkündigung vom Gekreuzigten mit berücksichtigen, soll sie bei den Menschen unserer Zeit ankommen.

III. Thesen zur Verkündigung des Gekreuzigten heute

Wie wir den Gekreuzigten heute nicht verkündigen sollten

Historische Rekonstruktion

Die historische Rekonstruktion der Ereignisse der Passion Jesu (Gefangennahme, Prozess, Hinrichtung) hat seine Bedeutung. Sie ist wichtig im Blick auf verschiedene zweifelhafte Jesus-Bücher der Gegenwart, die von Journalisten geschrieben wurden (Joel Carmichael: „Leben und Tod des Jesus von Nazareth", München 1965; Johannes Lehmann: „Jesus-Report", Düsseldorf 1970; Rudolf Augstein: „Jesus Menschensohn", München 1972; Adolf Holl: „Jesus in schlechter Gesellschaft", Stuttgart 1972). Diese Bücher sollten weniger in Predigten als in Seminaren behandelt werden. Ein Aufarbeiten der darin enthaltenen Behauptungen ist notwendig, um Fehler aufzudecken und auf die eigentliche historische Grundlage des Christentums zu verweisen.

Mitgefühl

Den Aussagen des Neuen Testaments entsprechend sollte es uns in der Verkündigung mehr auf die Deutung des Ärgernisses und der Torheit des Kreuzestodes ankommen als auf die Wekkung des Mitgefühls. Die Leidensgeschichten in den Evangelien sprechen nirgendwo vom „bittersten" Leiden Jesu oder vom Übermaß seiner Schmerzen im Gegensatz zu Passionsspielen, Betrachtungsbüchern, Passionsliedern und Passionsandachten. Angesichts der Leiden auf Kriegsschauplätzen, in Konzentrationslagern und Krankenhäusern sowie angesichts des Verhungerns von Millionen von Menschen, klingt das jedoch wenig glaubhaft.

Versöhnungsvorstellungen

Die Anselm'sche Satisfakationstheorie umschreibt Gisbert Greshake (Theologische Quartalschrift 1973, Heft 4): „Der Gottmensch Jesus Christus am Kreuz leistet Gott die gerechte

Sühne für unsere Schuld und bezahlt durch sein Leiden und Sterben die unendliche Genugtuung für unsere Sünden, die wir nicht zahlen können, so daß durch ihn der Gerechtigkeit Gottes Genüge getan, sein Zorn besänftigt und Versöhnung zwischen Gott und Menschen gestiftet wird" (S. 323). Das hinter dieser Kurzform der Anselm'schen Erlösungslehre stehende Gottesbild kann nicht so verkündet werden. Wir dürfen jedoch auch nicht übersehen, daß im Entwurf Anselms Christologie und Soteriologie, Person und Werk Jesu, zusammen gesehen sind und sich bereits Umrisse neuzeitlicher Erlösungsvorstellungen abzeichnen. „Nicht Gott hatte es nötig", sagt Anselm von Canterbury ausdrücklich, „daß er so den Menschen rettete, sondern die menschliche Natur hatte es nötig, daß sie Gott auf diese Weise Genugtuung gab."

Straftheorie

Sicher ist im Alten und im Neuen Testament immer wieder die Rede vom Zorn und von den Strafen Gottes als Vergeltung für begangene Sünden (Ex 32,11), als Rache für angetane Beleidigung (Dtn 32,35), als Eifer (Ex 20,5). Die Propheten kündigten den Tag Jahwes als „Tag des Zornes" (Am 5,18–20; Zef 1, 15; 2,2–3), das heißt als Tag des Gerichtes an. Paulus schreibt an die Römer: „Nachdem wir jetzt durch sein Blut gerecht gemacht sind, werden wir durch ihn erst recht vor dem Gericht des Zornes gerettet werden" (Röm 5,9; vgl. 1 Thes 1, 10). Diese Gedanken legen nahe, daß die Straftheorie berechtigt ist, nach der der zürnende Gott durch den Tod Jesu besänftigt wird. Bei dem Bildcharakter und der anthropomorphen Ausdrucksweise dieser biblischen Texte ist es jedoch notwendig, damit vorsichtig umzugehen. Sowohl im Alten wie erst recht im Neuen Testament ist die Aussage von der Liebe, der Güte, dem Erbarmen Gottes (Röm 5, 8–10; Joh 3, 16) der vom Zorn und der Strafe übergeordnet.

Aussageabsicht

Wir müssen die im Neuen Testament im Zusammenhang mit dem Kreuzestod gemachten Aussagen, die verwendeten Bilder und die dahinterliegenden Vorstellungen auf ihre Aussageabsicht im Kontext überprüfen. Wir dürfen sie nicht ohne weiteres miteinander verbinden oder sie sogar austauschen.

Gegenwartsbezug

Wir dürfen die Aussagen, die Bilder, die Vorstellungen aber auch nicht ungeprüft im Blick auf unsere Hörer übernehmen. Eine mythologische Redeweise trifft nicht unbedingt einen Menschen unserer vornehmlich durch die Naturwissenschaft geprägten Zeit. Ob wir aller mythologischen Redeweise entbehren können, muß bezweifelt werden. Als Verkündiger müssen wir sowohl die biblischen Aussagen, Bilder, Vorstellungen wie auch die modernen Auslegungsversuche, die auf mythologische Redeweise verzichten, einer kritischen Prüfung unterziehen.

Wie wir den Gekreuzigten heute verkündigen könnten

INHALTLICH

Jesus ist als Glaubender gestorben

Ausgangspunkt für die Thematik ist das Forschungsergebnis der Exegese: Jesus hat seinen gewaltsamen Tod bewußt auf sich genommen und als gottgewollte Erfüllung seines Schicksals erwartet, ohne jedoch darin eine heilsmittlersche Funktion zu erkennen.

Jesus hat sich im Kreuzestod Gott überantwortet, ohne eine Antwort auf die Frage „wozu" zu haben. Eine solche Predigt kann das Ärgernis, den Skandal, das Dilemma des Kreuzestodes in seiner ganzen Schärfe vor Augen führen und allem Schablonendenken über den Tod Jesu einen Stoß versetzen.

Menschliche Lebenssituationen (lebenslange Krankheit, bevorstehender früher Tod, unsere menschliche Existenz überhaupt) rufen nach einer ähnlichen Überantwortung an Gott, wie sie Jesus geleistet hat. Es wird daran offenbar, was Glaube im Vollzug bedeutet: vertrauensvolle Hingabe an Gott, Loslassen anderer Stützen. Daß solche Predigt ergänzt werden muß durch die Aussage, daß Gott in der Auferweckung Jesu tatsächlich gekommen ist und dem „Unsinn" Kreuz für die Zukunft einen Sinn gegeben hat, ist einsichtig.

Ein Beispiel für eine Predigt zu diesem Thema ist die des Schweizer Dominikaners Gonsalv Mainberger vom Karfreitag 1968 in Luzern: „Starb Jesus umsonst?" „Umsonst" bedeutet für ihn nicht, daß die Menschen die Frucht des Todes Jesu im Glauben nicht annehmen, sondern vielmehr: Jesus starb, weder um durch seinen Tod für sich etwas zu verdienen, noch weil er verzweifelte. Von sich vollständig entäußert, sei Jesus dann die „Möglichkeit wahren Trostes" entgegengekommen. Gott ist angekommen.

Die Predigt entfachte heftige Diskussionen, so daß Bischof Hänggi (Basel) sich genötigt sah, Stellung zu nehmen. Nach Gutachten eines Exegeten und eines Dogmatikers bestätigte er der umstrittenen Formulierung des „umsonst" einen exegetisch wie dogmatisch vertretbaren Sinn, der jedoch das Ärgernis des Kreuzes nicht adäquat zum Ausdruck bringe. Hänggi fuhr fort, daß die Offenbarung nicht vom eigenen, stets tiefer zu verstehen suchenden Glaubensdenken entbinde.

Ebenso bedeutsam ist die Entgegnung Hans Urs von Balthasars: „Es wäre unchristlich, nämlich hochmütig, wenn wir als Christen uns eigenmächtig zu Spezialisten des Kreuzes machten. Dann hätten wir uns nämlich wie die von uns Kritisierten, eine Theorie vom Christsein gezimmert und die vollkommene Offenheit für alles, was Gott schenkt, eingebüßt" (Herder-Korrespondenz 1968, 360).

Jesus starb als Zeuge

Jesu Botschaft von der nahen Gottesherrschaft und vom nahen Gott (auch die Gebetsanrede „Abba" – lieber Vater – brachte einen neuen Klang) sprengte die festgeformten Vorstellungen der „frommen Gemeinde". Seine Zuwendung zu den scheinbar Gottfernen, dem armen Landvolk und den Sündern, um ihnen zu verdeutlichen: so denkt, handelt, liebt Gott, reizte zum Widerspruch. Jesu Verhalten führte sogar zur offenen Gegnerschaft im Namen Gottes.

Wer sich so gegen die allgemeine Vorstellung von der Gottesherrschaft wandte, wer so die bestehende Ordnung durch neue Töne und neues Verhalten angriff, der mußte mit allem rechnen.

So ist der Tod Jesu zwingende Folge seiner Heilsbotschaft und seiner Gottesbotschaft. Für beide legte er Zeugnis ab. Gott aber hat sich zu seinem treuen Zeugen bekannt.

Jesus mußte leiden

An Worten, Vorentwürfen, sinngebenden Modellen des Alten Testaments haben die Apostel und ihre Schüler den Tod Jesu als von Gott gewollt und in seinem Heilsplan liegend erkannt und gedeutet. Jesu Tod ist das unschuldige Sterben eines Gerechten (Hinweis auf Psalm 22 in den Passionsberichten), ein Prophetentod (Mt 23,37) und schließlich das Schicksal des Gottesknechtes (Apg 8,32–35).

Der Gekreuzigte lebt

Gott hat sich in der Auferweckung zu Jesus, der als Glaubender und Zeuge gestorben ist, bekannt. Ja, die Auferweckung Jesu erst ist Grund, daß der irdische und gekreuzigte Jesus verkündigt wurde und wird. Das gilt, auch wenn die gegenwärtigen Theologen die Frage: „Was heißt, Jesus wurde auferweckt?" oder „Was heißt, Jesus lebt?" uneinheitlich beantworten. (1. In Jesus widerfährt den Menschen Gottesgewißheit als Heil über seinen Tod hinaus. 2. Die Auferweckung Jesu ist ein Ereignis, das die Endlichkeit des irdischen Lebens transzendiert. 3. Die Auferweckung Jesus ist „Interpretament" dafür, daß die Sache Jesu weitergeht. 4. Jesus wurde in die Lebensgemeinschaft mit Gott aufgenommen).

Zwischen dem Ereignis des Todes Jesu und dem „Ereignis" der Auferweckung Jesu, offenbar geworden in den „Erscheinungen" des Auferweckten, besteht eine einzigartige Verbindung, die uns verbietet, das eine Ereignis vom anderen isoliert zu sehen. Dies bestätigen die Summarien der Apostelgeschichte, der Aufbau der Evangelien, die Aussagen des Apostels Paulus und auch das „apostolische" Glaubensbekenntnis. In der Auferweckung Jesu hat sich Gott auf die Seite des Gekreuzigten gestellt und bestätigt, daß der Kreuzestod im Zusammenhang mit dem von Jesus verkündigten Anbruch der Gottesherrschaft und deren Vollendung zu sehen ist.

Der Gekreuzigte ist der Herr

Der vorpaulinische Christushymnus im Philipperbrief (2, 6–11) und vor allem die Passion des Evangelisten Mattäus, die auf die Einsetzung in Macht hinzielt (Mt 28, 16–20), geben Antwort darauf, warum der Gekreuzigte der Kyrios des Weltalls ist. Gott hat die Erniedrigung Jesu, seine Selbstentäußerung, seinen Gehorsam „bis zum Tod, ja bis zum Tod am Kreuz" (Hinzufügung des Paulus) beantwortet, indem er ihn in seine Daseinsweise aufgenommen hat („Darum auch hat Gott ihn überaus erhöht" – Phil 2, 9). Jesus hat Gott Herr sein lassen bis hin zum Schrei und Gebet am Kreuz: „Mein Gott, mein Gott, warum hast du mich verlassen?" (Mt 27, 46) und hat sich dadurch als „Sohn" erwiesen. Gott hat ihn darauf eingesetzt zum „Sohn Gottes in Macht" (Röm 1,4). Ihm ist alle Gewalt gegeben im Himmel und auf Erden (Mt 28, 18).

Gott ist Herr für die, die den Weg Christi gehen

Am Christushymnus des Philipperbriefs ist außerdem abzulesen: 1. Wie in den Summarien der Apostelgeschichte ist auch in ihm nicht vom Tod für die Sünder die Rede. 2. Eingeleitet wird dieses Christuslied mit der Aufforderung des Paulus „Seid so gesinnt, wie es das Leben in Christus Jesus fordert" (Phil 2, 5). Paulus ruft die Christen auf, die Haltung des Gehorsams gegenüber Gott bis zum möglichen Tod sich als Vorbild zu nehmen. 3. Paulus fügt dem zweiten Teil des Hymnus, der von der Erhöhung Christi spricht, nicht bei, daß der, der wie Christus dem Menschen selbstlos dient, auch Erhöhung zu erwarten hat. Offenbar soll der Lohngedanke in der Kreuzesnachfolge nicht aufkommen.

Nicht nur in diesem Hymnus wird die Verbindung Kreuz Christi – Kreuz des Jüngers herausgestellt. Die Aufforderungen, „sein Kreuz auf sich zu nehmen" (bei Lukas heißt es dazu „täglich" – 9, 23) stehen in den Evangelien unmittelbar nach der ersten Leidensansage (Mt 16, 24–28; Mk 8, 34–9, 1; Lk 9, 23–27) und sind ähnlich den Summarien formuliert (Glaubensbekenntnis der Gemeinde). Die Darstellung der Passion bei Lukas in der Form des Martyriumsberichtes ruft nach dem Nachbild (Tod des Stephanus – Apg 7,54–8,1 a). Auch im Johannesevangelium wird das Tun

Jesu in einzelnen Worten ausschließlich als Beispiel verstanden, das heißt, die Jünger sollen wie er die Seinen lieben bis zur Hingabe des Lebens (vgl. 2. Deutung der Fußwaschung, Liebesgebot – Joh 13, 34–35). „Das ist mein Gebot: Liebt einander, wie ich euch geliebt habe! Es gibt keine größere Liebe als die, wenn einer sein Leben gibt für seine Freunde" (Joh 15, 12–13).

Jesu Dasein ist ein „Dasein für",
Jesu Tod ist ein „Tod für"

Das der Verkündigung vom Gottesknecht entnommene und in die Abendmahlstradition eingegangene „für uns", „für unsere Sünden", wurde von Paulus übernommen (1 Kor 15,3) und von ihm zum zentralen Motiv für die Deutung des Todes Jesu erhoben. Dieses „für uns" wird in unseren Tagen neu zu interpretieren versucht. Für Paulus hat das „für uns" die doppelte Bedeutung: „zu unseren Gunsten" und „in unserer Stellvertretung". Jesus starb „zu Gunsten", „in Stellvertretung" der Gottlosen und Sünder (Röm 5, 6–11), für die christlichen Brüder (Röm 14,15), für alle Menschen (2 Kor 5, 14), damit sie, ohne eigenes Zutun, von Gott Heil empfingen (Röm 3, 24).

□ Deutungsversuch – Joseph Ratzinger

Ausgangspunkt ist: Jesu Daseinsweise ist gekennzeichnet „von Gott her" und „auf den Menschen hin". Was Ratzinger damit meint, macht er deutlich an dem Begriff „Sendung" und an dem Titel „λόγος". Jesus spricht nach den Evangelien (vor allem bei Johannes) von sich als dem Gesandten. Ein spätjüdisches Wort sagt: „Der Gesandte eines Menschen ist wie dieser selbst." Das gilt von Jesus im Vollsinn. Er geht ganz darin auf, Gesandter des Vaters zu sein. Er vertritt die Sache Gottes, ohne Privatsachen dazwischen zu schieben. Er tritt an die Stelle dessen, der ihn gesandt hat. Deshalb ist es ihm möglich, daß die, die ihn sehen und hören, den Vater sehen und hören (Joh 14, 9; Lk 10, 16). Jesus ist Gesandter von Gott her auf uns Menschen hin. Nach Johannes ist Jesus der „λόγος". Jesus ist in seinem Denken, Sprechen, Handeln, ist in seiner Person: „ὁ λόγος", das Wort, gesprochenes Wort des Vaters. Er ist ganz bestimmt vom Sprechenden, er ist das fleischgewordene Wort für uns Menschen.

Die eine Seite, das „auf hin", wird verdeutlicht durch das „für uns". In johanneischer Sprache sieht Ratzinger es in dem Wort: „Aber wenn ich von der Erde erhöht bin, werde ich alle an mich ziehen" (Joh 12,32) und in der geöffneten Seite ausgedrückt. Wenn Jesus erhöht ist am Kreuz und in der Herrlichkeit des Vaters, ist er ganz Dasein für uns, das heißt, er zieht die Menschen an sich und über sich zum Vater. Seine aufgestoßene, geöffnete Seite, aus der Blut und Wasser fließen (Eucharistie und Taufe), zeigt, nun ist er gänzlich für uns. Die neue Eva, die neue Menschheit, geht aus seiner Seite hervor.

□ Deutungsversuch – Max Seckler

Kann das, was über Jesus berichtet wird, uns bei der Deutung unseres Daseins helfen? Eine erste Antwort: Jesus hat im Vollzug seines Lebens und Sterbens die entscheidende Wahrheit über uns selbst, unsere Aufgabe, unseren Weg und unsere Bestimmung ans Licht gebracht.

Jesu Leben und Sterben ist aber nicht nur Anweisung, Beispiel wie wir es ihm gleichtun können. Er hat in der Art und Weise seines Lebens und Sterbens den gottgewollten Sinn des Lebens und Sterbens aufgehellt, „für uns" aufgedeckt. Die Situation der Heillosigkeit, in der wir uns durch persönliche und fremde Schuld befinden, hat er durch Teilnahme und durch Wandlung im Gehorsam gegenüber dem Vater nicht nur für sich, sondern auch „für uns" überwunden. Das Besondere daran ist, daß die Botschaft dieses seines Lebens zugleich die Botschaft seines Vaters sein will, und dies läßt sich in folgende Aussage fassen: „Es gibt eine erlösende Teilnahme Gottes an der Situation des Menschen. Der Weg, den er gewiesen hat, führt nicht mit Hilfe von Surrogaten am Menschenlos vorbei, sondern mitten hinein in seine dunkelsten Tiefen."

□ Deutungsversuch – Dorothee Sölle

In einer unmenschlichen Welt tritt Jesus an die Stelle des unwirksam gewordenen Gottes. Er vertritt den „abwesenden Gott", er spielt „die Rolle Gottes in der Welt". Er ist da für die Elenden und Zukurzgekommenen, die in der Erfahrung des „toten" Gottes leben. Nun sind sie gerufen, an die Stelle Gottes zu treten, die Rolle Gottes zu spielen. Wir treten dann für Gott ein, wenn wir für andere Menschen da sind. Helmut Gollwitzer weist darauf hin, daß es bei Sölle nicht mehr darum geht, daß in Christus Gott an unsere Stelle tritt, sondern daß Christus an die Stelle Gottes tritt, und daß damit im Grunde Gott aus der Verkündigung gestrichen wurde (Gollwitzer, Von der Stellvertretung Gottes, 1967).

Die ein Jahrtausend lang überstrapazierten Begriffe „Sühne für" und „Opfer für" bedürfen einer Schonzeit und sollten nicht im Klischee einer durch Jahrhunderte weitergegebenen Schulbuchtheologie verkündet werden.

Gott hat sich mit uns versöhnt

In fast allen Religionen wollen Menschen angesichts ihrer Schuld die Gottheit versöhnen durch Handlungen, durch eigene Leistungen. Die Botschaft des neuen Testamentes bringt eine Wende. Paulus sagt: „Denn Gott war in Christus, als er durch ihn die Welt mit sich versöhnte und darauf verzichtete, ihre Übertretungen anzurechnen" (2 Kor 5,19). An uns Menschen ist es, die Versöhnungstat Gottes in Christus anzunehmen. Paulus fordert darum auf: „Laßt euch mit Gott versöhnen!" (2 Kor 5,20). Wir sind versöhnt, und zwar Ver-Söhnte, das bedeutet angenommene Söhne Gottes („neue Schöpfung" – 2 Kor 5, 17), wenn wir die Botschaft von der Versöhnungstat Gottes in Christus dankbar entgegennehmen und als Söhne des Vaters, die ihm vertrauen, die ihn lieben, die seinen Willen tun, leben.

Der Tod Christi hat uns zur Freiheit befreit

Der Tod Christi befreit uns aus eingebildeter Mündigkeit in das Verhältnis der angenommenen Söhne und Töchter Gottes als einzige Möglichkeit echten Lebens (Röm 8,33–39). Jesus, der bis in den Tod gehorsam war, führt das neue Geschlecht herauf, das auf Eigenmächtigkeit verzichtet. Es lebt aus der empfangenen Gnade (2 Kor 12,9). Die Liebe Gottes, in letzter Konsequenz offenbar geworden am Kreuz (Röm 8, 32), läßt uns in einer zwar angefochtenen, aber trotzdem sieghaften Freiheit leben und atmen.

Bei seiner Deutung der Erlösung als Befreiung setzt Hans Kessler in der Verkündigung, dem Leben und Wirken Jesu an. Jesus nimmt Notleidende ernst, kümmert sich um physisch und psychisch Kranke, nimmt Gemeinschaft auf mit gesellschaftlich und religiös Ausgestoßenen. Die Art, wie er mit Armen, Kranken, Geächteten umgeht, führt unausweichlich zu der Frage: Warum tut er das? Sein Verhalten ist begründet in seiner eigenen Erfahrung. Jesus weiß sich von Gott in unbedingter Weise angenommen, geliebt und geborgen in seiner Treue und seiner grenzenlosen Güte. Seine Erfahrung von dem, den er „Vater" nennt, gibt er weiter an die Verlorenen, die Versager, die Sünder. In der menschlichen Zuwendung Jesu erreicht sie die gütige Zuwendung Gottes. Sie erfahren durch Jesus, daß Gott gleichermaßen für sie da ist. Gott gibt, richtet auf, entlastet, läßt aufatmen; er macht frei. Diese Erkenntnis befreit davon, sich selbst sichern zu müssen und drängt dazu, sich den Menschen in ihrer persönlichen und gesellschaftlichen Not zuzuwenden. Der Anspruch der grenzenlosen Güte Gottes in der absoluten Geborgenheit in ihm, der den Menschen in Jesus begegnete, bleibt nicht unwidersprochen. Jesus aber ist bis zu seinem Tod dem Auftrag treu, Gott als seinen und unseren Vater zu verkünden und sich für die Verlorenen einzusetzen. Durch seine Treue und Liebe bis ans Ende gibt er den Beweis für die Treue und Güte Gottes. In seiner eigenen Überantwortung im Tod an Gott mutet er auch uns Glauben und Hoffnung auf seine und unsere Auferweckung zu. „Die befreite, freie, zum äußersten ‚Für-die-anderen' bereite Proexistenz Jesu ist somit der Ort wirklicher Versöhnung mit Gott und wirklicher Befreiung der Menschen" (Kessler, Erlösung als Befreiung? in: Stimmen der Zeit, 1974, Heft 1, 3–12).

Aus einem anderen Ansatzpunkt zieht Jürgen Moltmann seine Konsequenzen zur psychischen und politischen Befreiung des Menschen. Er greift das Wort der Kreuzesmystik vom „gekreuzigten Gott", das Luther von dorther übernommen hatte, auf. Gott wird in Jesus schwach, ohnmächtig, verwundbar, sterblich. In Jesus wird er der „gekreuzigte Gott". Dadurch aber wurden die Schwachen, Ohnmächtigen, Verwundbaren, Sterblichen zu freien Söhnen und Töchtern Gottes. Das ist nur die eine Seite. Wo ist Gott, der Vater, im Tode Jesu, der ja in Verlassenheit stirbt? In unendlichem Schmerz erleidet der Vater den Tod seines Sohnes, um Gottlosen, Verlorenen und Sündern Vater werden zu können. Durch das Sterben Jesu in Verlassenheit und den vom Vater erlittenen Tod seines Sohnes werden die Menschen befreit, ihre Menschlichkeit, ihre Freiheit und ihre Sterblichkeit anzunehmen. Schmerz, Schuld und Angst brauchen nicht mehr verdrängt werden. Der „gekreuzigte Gott" ermöglicht es, das schuldhafte Verhalten ebenso wie das Ende im Tod anzunehmen. Die von Gott gewirkte Befreiung hat Öffentlichkeitscharakter und soll die Teufelskreise der Armut, der Gewalt, der rassischen und kulturellen Entfremdung, der industriellen Naturzerstörung, der Sinnlosigkeit und Gottverlassenheit sprengen. In der ökonomischen Dimension heißt Befreiung soziale Gerechtigkeit, in der politischen Dimension Teilhabe und Kontrolle von wirtschaftlicher und politischer Machtausübung, in der kulturellen Dimension Anerkennung anderer und Gemeinschaft mit ihnen, im Blick auf die industrielle Naturzerstörung Ablassen von der unbegrenzten Ausbeutung der Natur, im Blick auf die Sinnlosigkeit und Gottverlassenheit Mut zum Sein in Anbetracht der Gegenwart Gottes im Gekreuzigten.

Der Tod Jesu kann Antwort geben auf die Last der Fragen, die unsere menschliche Existenz bedrängen

Warum schweigt Gott zum Leid von Millionen (Kranker, Hungernder, ungerecht Behandelter)? Warum ist die Kirche so ohnmächtig? Vieles in der Welt ist absurd: lebenslängliche Krankheit, Sterben junger Menschen, Verteilung der Güter. Der Tod Jesu offenbart in Verbindung mit der Auferweckung den Heilsweg Gottes. Tod und Auferweckung Jesu sagen uns: Gottes Weg ist anders, als wir es uns vorstellen. Er ist anders, weil Gott anders ist, als wir zu wissen meinen. Er ist der Herr, der die Macht hat, Tote lebendig zu machen und alles neu zu schaffen (Offb 21,5). Deshalb kann Gott zum Tod Jesu auf Golgota schweigen, deshalb kann Gott das entsetzliche Leid der Welt ertragen, die Verkündigung seiner Botschaft den Bedingungen menschlicher Sprache unterwerfen, die Kirche schwachen Menschen anvertrauen, die er jedoch ganz ernst nimmt.

Der Kreuzestod Jesu ist Verherrlichung des Vaters und Jesu

Nach der Darstellung des Johannesevangeliums kann der Tod nicht als Schmach und Schande angesehen werden, vielmehr ist er Verherrlichung des Vaters durch den unendlichen Gehorsam und die Liebe des Sohnes. Aber auch Jesus selbst wird durch den Kreuzestod verherrlicht, weil er über das Kreuz zum Vater zurückkehrt in die Herrlichkeit, die er von Anfang an hatte.

Solcher theozentrischen Deutung des Kreuzestodes (der Vater will es, Jesus tut es, weil er dem Vater gehorsam ist, weil er ihn liebt) müssen wir in der Verkündigung Raum geben. Dabei ist jedoch der Gefahr vorzubeugen, daß aus der Aussage „bis zum Tod am Kreuz" eine Weisheitslehre wird.

Der Leidende stellt sich als der Kommende dar

Auf die Frage des Hohenpriesters: „Bist du der Messias, der Sohn des Hochgelobten?" antwortet Jesus nach Markus: „Ich bin es. Und ihr werdet den Menschensohn zur Rechten der Macht sitzen und mit den Wolken des Himmels kommen sehen" (Mk 14, 62–63). In der Perspektie der nachösterlichen Gemeinde dürfte das heißen: Der Kommende ist der, der „gelitten hat". Als solchen „sieht", „erwartet" sie ihn. Als solcher „erscheint er den Jüngern", tritt er in seine Gemeinde, „kommt" er „an jenem Tage".

Der „gekreuzigte Gott" ist eine Revolution im Gottesbegriff

Der Tod Jesu ist nach Jürgen Moltmann nicht nur zu sehen in seiner Heilswirkung, sondern auch in dem, was er aussagt über Gott. Es ist zu fragen: Was bedeutet das Kreuz Jesu für Gott selbst?

Die paulinische Aussage „Gott (selbst) war in Christus" (2 Kor 5,19) bedeutet im Blick auf das Kreuz: Gott (selbst) litt in Jesus, Gott selbst starb in Jesus für uns. Gott ist im Kreuz Jesu „für uns" und wird durch ihn zum Gott und Vater der Gottlosen und Gottverlassenen. „Gott starb" am Kreuz, damit wir, die Menschen, leben. Gott wurde der gekreuzigte Gott, damit wir zu freien Söhnen und Töchtern Gottes werden (Moltmann, Der gekreuzigte Gott, 1972, 179).

In der Passion des Sohnes erleidet der Vater selbst den Schmerz der Verlassenheit. Im Tod des Sohnes kommt der Tod auf Gott selbst zu. Das Geschehen am Kreuz muß darum zutiefst als ein Geschehen zwischen Gott und Jesus, dem „Sohne Gottes", verstanden werden. Indem der Vater seinen Sohn in das Leiden, in den Tod dahingibt, gibt er auch sich selbst. Gott aber im gottverlassenen Gekreuzigten zu begreifen heißt, das Kreuzesgeschehen als ein Geschehen in Gott zu verstehen. Dies aber bedeutet eine „Revolution im Gottesbegriff". Dieser Gott, der leidet, ist ein „menschlicher" Gott, ist Liebe und ist Freiheit und schenkt beides. Er öffnet dem Menschen die Möglichkeit freier, sympathischer Menschlichkeit, ermöglicht ihm, Schmerz, Schuld und Angst zu ertragen und sterben zu können aus dem Glauben, daß ihn auch der Tod nicht von Gott zu trennen vermag.

FORMAL

Die Behauptung Martin Kählers, die Evangelien seien „Passionsgeschichten mit ausführlicher Einleitung", wird dem tatsächlichen Befund nicht gerecht. Sicher aber ist, daß die Passionsgeschichten in den Evangelien samt ihren Vorverweisen (z. B. Leidensansagen) neben ihrer inhaltlichen Bedeutung auch einen beträchtlichen Umfang haben. Weil für Paulus die Botschaft vom Kreuz die Mitte seines Denkens war, nimmt sie auch in seinen Schriften einen großen Raum ein. Nimmt aber die Botschaft vom Gekreuzigten in unserer Verkündigung den entsprechenden Raum ein?

Die neue Ordnung der heiligen Woche sieht für den Palmsonntag die Lesung der Leidensgeschichte nach den Synoptikern im Wechsel vor, am Karfreitag die des Johannes. Genügt das? Ein Vorschlag: Ob wir nicht in der österlichen Bußzeit die Passionsgeschichte eines Synoptikers fortlaufend lesen und anhand dieses Textes seine theologische Deutung des Kreuzestodes erarbeiten sollten?*

Die Predigten für Karfreitag und Ostern sollten nicht zusammenhanglos nebeneinander stehen und möglichst vom gleichen Prediger gehalten werden oder zumindest in der Thematik abgestimmt sein. Weil wir in der Eucharistiefeier den Tod des Herrn verkünden, sollte jede übertriebene Feierlichkeit vermieden werden. Dasselbe gilt für die Feier des Gedächtnisses des Leidens und Sterbens des Herrn am Karfreitag.

Im Geheimnis des Kreuzestodes bleibt ein unaufhellbarer Rest. Jesu Tod muß deshalb als Anstoß und Herausforderung stehen bleiben. Wir dürfen nicht der Gefahr unterliegen im gläubigen Bedenken des Kreuzestodes, diesem einen unseren Verstand und uns selbst beruhigenden Sinn zu geben, der das Ärgernis verschleiert oder verharmlost. Wir dürfen das Ärgernis, die Torheit des Kreuzes nicht „in Watte verpackt" servieren, sondern sind gerufen, Christus den Gekreuzigten, zu verkünden. Unsere Verkündigung aber bliebe abstrakt, wenn sie sich nicht in gelebter Kreuzesnachfolge verwirklichen würde. Sie kann etwa darin bestehen, daß wir mitleiden an der gegenwärtigen Glaubenskrise in der Welt.

Das Kreuz und der Gekreuzigte fordern uns zur Auseinandersetzung auf. Nur wenn wir uns dieser Herausforderung stellen, erkennen wir vielleicht wie Paulus mehr und mehr im Kreuz und im Gekreuzigten: „Gottes Kraft und Weisheit" (1 Kor 1, 24).

---

* Anregungen für Predigten über die Bedeutung des Kreuzes Jesu bieten u. a. „Das Wort vom Kreuz, Evangelische und katholische Theologen verkünden Christus den Gekreuzigten". Zu einzelnen Schriftworten wird von einem evangelischen und einem katholischen Verfasser eine Predigt vorgelegt. Herausgeber ist Friedrich Wilhelm Bautz.
„Das Wort vom Kreuz heute gesagt, Predigten der Gegenwart". In diesem Band finden sich Predigten vornehmlich akademisch tätiger evangelischer Theologen zu Schriftworten.

Wolfgang Schrenk

Kreuz und Glaube

Text: Mk 15, 20 b – 24. 33–34

Das Kreuz Jesu spricht! Es spricht von der Ohnmacht und der Todesqual Jesu. Vor allem aber spricht es vom durchgehaltenen Glauben des Gekreuzigten, der selbst in die Leere des Todes hinein den Namen Gottes schreit und in letzter Verlassenheit die Verläßlichkeit Gottes anruft.

Auch das ist Glaube

„Einen Gott haben heißt etwas haben, worauf das Herz gänzlich vertraut", so schreibt Martin Luther in seinem Großen Katechismus. An „Göttern" ist keine Not, wenn auch noch so sehr vom Tod Gottes die Rede ist. Und eine Art „Vertrauen" wird heutzutage durchaus noch aller Orten aufgebracht, mag unsere Zeit als noch so glaubenslos gelten. Worauf einer sich in seinem Herzen gänzlich verläßt, woran er ganz und gar glaubt, hat freilich alle möglichen Gesichter. Das Herz findet nun einmal sehr vieles, worauf es vertrauen kann. Da sind andere Menschen, faszinierende, bestechende Helden, die verehrt, verherrlicht und vergöttert werden.

Aber dann sind da einfach auch Gegenstände des alltäglichen Lebens, an die alles gehängt wird, von denen alles – buchstäblich alles – abhängen kann. Woran das Herz sich hängt? Anonyme Mächte, Sternbilder, Herrschaftsthrone aller Art, eigene Pläne und Berechnungen, Ideen, Maschinen und alle anderen Erweise menschlicher Eigensucht. Ebenso hängt sich das Herz an die Menge der Festivitäten, an das Riesenangebot an Unterhaltungsmöglichkeiten, die einen vereinnahmen und das Herz besetzen.

Alles ist dazu geeignet, daß man sein Herz dran hängen kann. Alles ist dazu geeignet, eine wohlige, angenehme „Heimat" abzugeben. Alles ist dazu geeignet, einen mit der nötigen Portion Bestätigung zu versehen. Alles kann dem urmenschlichen Suchen nach Geborgenheit entgegenkommen. Wie gut es tut, unter einem

Dach unterstehen zu können, sich wohl zu fühlen. Etwas haben, worauf das Herz gänzlich vertraut. Alles mag einem zum beruhigenden, genehmen, beschützenden Gott werden. Es gehört einfach zum Menschen, dieses Vertrauen-Können. Davon lebt er. Anders kann er nicht Mensch sein. Freilich fragt es sich noch einmal: Worauf vertraut unser Herz wirklich? Vor allem aber: Welcher Art ist denn unser christlicher Gottesglaube?

Und unser eigener Glaube?

Geht es in unserem Glauben an den Gott Jesu Christi etwa auch um einen angenehmen Unterstand, einen stärkeren Bruder, einen Garanten unserer Sicherheit? Dienen dem nicht die ganzen illustrierten Vorgänge unter unserem Kirchendach, die Gesänge und die atmosphärischen Zutaten, daß wir eine rechte Befriedigung unserer Sehnsüchte erfahren, daß wir in einer Heimat aufgehoben werden, Sicherheit spüren und von einer beruhigenden Herzenswärme umgeben werden? Ist so unser Glaube zu verstehen – „Worauf das Herz gänzlich vertraut"?
Spöttern mag diese Sicht der Dinge gerade recht kommen: eine Sache für Schwächlinge, für Lebensuntüchtige, für solche, die sich auf eigene Faust nicht durchschlagen können. Für Leute die einen Unterschlupf nötig haben. – Sollte der Glaube und seine Lebensart damit einfach abgemeldet und disqualifiziert sein? Oder müßten wir – Kritiker des Glaubens und Unbedacht-Fromm-Glaubende – nicht alle die rechte Tiefe des Glaubens erst suchen?

Wie sieht der „rechte" Glaube aus?

Und wie sollte das besser möglich sein, als wenn wir dem Glauben Jesu Christi nachgehen, so wie ihn uns die ersten Gemeinden der Gläubigen darstellen! Jesus Christus ist uns der Erstling im Glauben – der „Vormann" sozusagen. Sein Glaube gründet zunächst wohl recht konventionell im jüdischen Glaubenshorizont: Gott ist der Gott des Volkes Israel, der Gott Abrahams, Isaaks und Jakobs, der Gott, der befreite aus Ägypten, der Gott, der sich in seiner mühseligen Geschichte doch immer wieder zu seinen ungetreuen Vasallen bekennt, ein Gott der Verheißungen, die immer weiter reichen. Freilich – Jesus verleiht diesem Glauben zugleich eine viel intimere Note: Er spricht Gott an als den Vater. Aus einem engen Verhältnis spricht er und weist seine Jünger auf dieses Verhältnis hin – „Mein und euer Vater". Ist er also doch der „Unterschlupf-Gott"? Doch der Mächtigere und Stärkere, an den man sich hängen kann? Doch der Garant der Sicherheit?

Aber: Ist es nicht gerade sein Glaube, sein Verhältnis zum Vater, das ihn in Gegensatz zu seinen Mitbürgern und zur eigenen Verwandtschaft bringt? Ist es nicht gerade sein Glaube, der ihn aus allen Sicherungen herausholt und ihn so ungeheuer ort- und heimatlos macht? Ist es nicht gerade sein Glaube, der ihn immer wieder weggehen läßt aus der Schar seiner Jünger, allein auf den Berg, um zu beten? Sind es nicht sein Glaube und seine Sendung, die ihm schließlich die tödliche Gegnerschaft der offiziellen „Kirchenleute" einbringen? Ist es nicht im letzten sein Glaube, der ihn ans Kreuz bringt und ihn das Leben kostet? Und ist es darum nicht eben das Kreuz, das von einem anderen, neuen Glauben spricht?

Denn am Kreuz bewährt Jesus seinen Glauben: Er ist hinausgestellt vor die Stadt, unter die Räuber gesellt, ein Fremder geworden. Er ist einer, der nichts mehr in der Hand hat. Einer, der arm ist, den nicht einmal mehr ein Mantel deckt. – Was er noch hat? Es ist sein Schrei, in dem die ganze menschliche Armut gefaßt ist: Angst, Verlassenheit, Hilflosigkeit. Das Kreuz stellt dem ordentlichen, satzungsgemäßen, ordnungshaften, bürgerlichen Glauben einen neuen Glauben entgegen, einen Glauben, der gekennzeichnet ist von der Ungeschütztheit und Unsicherheit. Und in diesem Fall ist das Kreuz das Aufgeben von allem: aller Zukunftspredigt, aller Hoffnung, allen Sendungsanspruchs, allen Sendungsbewußtseins – die Deckung durch Gott selbst. Dieser letzte und äußerste Glaube hat alles drangegeben. Es ist ein Glaube, der nur noch in einen Klageschrei hinein aussprechbar ist: „Mein Gott, mein Gott, warum hast du mich verlassen!"

Ein ohnmächtiger Ruf, in den hinein Jesus sich leer gemacht hat. An dieser Stelle – dem Schrei am Kreuz, der Klage des ganz und gar Ohnmächtigen – wird der Glaube in aller Radikalität sichtbar. Wo Gott ihm nicht mehr greifbar ist, wo er ihm entschwunden ist, wo er ihn verloren hat, dort schreit er seinen Glauben am gründlichsten hinaus. Wo alle Rechnung und Planung, aller Erfolg und alle Zukunft zerbrochen sind, wo seine Hoffnung am hilflosesten geworden ist, dort läßt er Gott am meisten Platz. Wo alle Sicherheit dahin ist, dort lebt er am deutlichsten in der Gewißheit des Glaubens. Dort wird sein Glaube zu einer Gewißheit, die nichts mehr mißt, die die eigene Endlichkeit und Begrenztheit hinter sich läßt, die zu einer Hoffnung wider alle Hoffnung wird – ein Hoffen in das Leere, in die Nacht hinein.

Was dieser Glaube wirkt

„Worauf das Herz gänzlich vertraut . . ." – dieses mißverständliche Wort vom Glauben erfährt eine radikale Bestimmung im Schrei der Ohnmacht, der gerade so Ausdruck eines armen Glaubens ist: „Mein Gott, mein Gott, warum hast du mich verlassen!" Ein solcher Glaube breitet nicht das Schutzschild über alles, deckt nicht zu und bewahrt nicht. Dieser Glaube ruft vielmehr zur Waghalsigkeit und läßt nicht in Ruhe. Dieser Glaube ist wahrhaftig nicht mehr geeignet, die Wirklichkeit zu vertuschen und zu überspringen, das Jammertal einzuebnen und mit schönen Sprüchen lebbar zu machen. Dieser Glaube hat keinen beschönigenden Schleier nötig und hat auch keine leeren Tröstungen zu vergeben. Es ist vielmehr ein Glaube, der der Kreuzwirklichkeit dieser Welt in ihren vielen Kreuzen klar in die Augen schaut. Gratismorphium wird nicht angeboten. Vielmehr schafft dieser Glaube den Blick für die Wirklichkeit in aller Breite und Tiefe, er öffnet den Blick für die Unerlöstheit dieser Welt und des Menschen.

Daraus folgt fast notwendig, daß dieser Glaube nicht in Ruhe läßt. Der Glaube, der am Kreuz gelernt wird, führt hinein in ein echtes und tiefes Mitleiden und Mitempfinden, in aktives Mitsterben. Es ist ein Glaube, der sich nicht zufrieden gibt, der nicht gleichgültig werden kann. Es ist kein apathischer Glaube, kein Sichabfinden. Solcher Glaube ist erfinderisch, wenn es um den Kampf gegen die quälenden Kreuze geht.

Dazuhin bleibt sich dieser Glaube der eigenen Ohnmacht bewußt: der gebundenen Hände, der letztlichen Hilflosigkeit. Dieser Glaube läßt sich nicht von dem Zwang bestimmen, als ob Zukunft nur das sei, was wir Menschen fertigbringen, was uns gelingt, was wir erreichen. Dieser Glaube weiß so sehr um die eigene Armut, daß er andere nicht nur nach dem Erreichten, dem Geleisteten und Produzierten bemessen will. Dieser Glaube eröffnet also die Chancen, im anderen mehr zu sehen als das, was seine Kraft und sein Leistungswille an ihm ausmachen. Dieser Glaube gewährt so viel mehr Raum, er tritt ein für die Freiheit der Kleinen und der Kranken, der Älteren, der Untauglichen und Unwerten, der Ungeschickten und Ungeliebten. Dieser Glaube, der von der Armut des Kreuzes herkommt, tut der Hoffnung vieler ein Tor auf.

Kein leichtes Spiel ist dieser Glaube, keine bequeme und sichere Tour, sobald er mit dem Kreuz zusammen gesehen wird. „Einen Gott haben heißt etwas haben, worauf das Herz gänzlich vertraut!" Ja, aber dieses Wort vom Glauben erhält seine tiefe Gültigkeit erst dort, wo es gehört wird zusammen mit dem Schrei am Kreuz. Dieser Glaube erhält seine letzte Gültigkeit dort, wo er ein Glaube auch durch Tod und Untergang hindurch bleibt, ein Glaube an den lebenschaffenden Gott der Menschen.

Wolfgang Schrenk

Jesus Christus, der treue und wahrhaftige Zeuge

Text: Joh 18, 33–37

Zeugnisse verlieren gewöhnlich rasch ihren Wert und ihre Aktualität. Das Zeugnis Christi, das in seinem Sterben am Kreuz gipfelt, ist bis heute gleich unerhört und skandalös, so daß es die herausfordernde Deutlichkeit nicht verloren hat: Zeugnis für die anbrechende, Welt und Wirklichkeit durchkreuzende Herrschaft Gottes zu sein.

Bild des Gekreuzigten

„Kreuzigung" heißt eine Darstellung von Emil Scheibe. Sie zeigt einen Gekreuzigten vor einer grauen Industrielandschaft: vor Telefonmasten, Schornsteinen, Eisengerüsten und nüchternem Gemäuer; vor einer Welt, die durchzogen ist von einer Unmenge wirrer, kreuz und quer gespannter Drähte – Drähte, die nicht verbinden, sondern teilen und zerschneiden, Drähte, die ein Netz bilden und alles gefangennehmen. Eine Welt aus Eisen und Draht, eine Welt ohne Wärme, in schwarz und grau gehalten.

Die Menschen darin sind in denselben düsteren Farben gezeichnet und einfach in diese Welt eingepaßt: Einer mit einem Schweißgerät bastelt an dieser unwirtlichen Welt mit; ein anderer steht ungerührt und unbeteiligt herum, als ob es eine angenehme Sache wäre, in diese Welt hineinzuschauen; ein weiterer entfernt sich gerade mit einem Fahrrad – wendet er sich wirsch ab, oder verweilt er noch rasch besinnlich? Einer sitzt derweil zusammengekauert, das Gesicht in die Hände geborgen, seiner eigenen Trauer oder Sorge überlassen und allein. Und dann noch eine Frau, die schmerzlich aufblickt zum Gekreuzigten, am Arm eines Mannes, der ihr beisteht.

Und da – vor einer zerstörten Landschaft, zwischen Trostlosigkeit, Trauer, Schmerz und Gleichgültigkeit – hängt einer, an zwei kreuzförmig aneinandergebundene Feuerleitern genagelt. Er ragt über die Menschen und über die ganze dargestellte Umwelt hinaus, erbärmlich und gequält. Nägel, das Werkmaterial dieser Welt, krönen sein Haupt wie ein Dornenkranz.

Demonstrant und Opfer

Man fragt sich: Was soll er da? Ein Gekreuzigter paßt doch gar nicht in diese industrialisierte Umwelt. Ein Anachronismus! Wirkt er nicht recht deplaziert? So deplaziert und unpassend wie ein Demonstrant. So störend wie einer, der sich nicht anpaßt an seine Umgebung, der sich nicht abfindet. Wie einer, der gegen das Geltende, Gängige, Herrschende auftritt und aufmerksam macht auf Ungenügen und Unmenschlichkeit. Ein Demonstrant und ein Opfer dieser Welt zugleich: Er ist ja kaltgestellt, festgenagelt, ausgespuckt aus der Gemeinschaft der Menschen.

Und so spricht er eindringlich, spricht gegen die Welt, die den Menschen dem Material gefügig gemacht hat. Gegen eine Welt, die nichts anderes mehr zu bieten hat als die harte Arbeit, den kaltzerschneidenden Draht, der die Menschen trennt. Gegen eine Welt, die den Menschen mit einer erbarmungslosen Härte infizieren muß. Gegen eine Welt, die die Ausflucht, die Resignation und die maßlose Traurigkeit geradezu herausfordert. Er zeugt gegen die sogenannten harten Tatsachen einer Welt, in der wir selbst leben, die wir selbst produzieren. Er zeugt gegen eine Wirklichkeit, die sich zum bestimmenden Herrn über uns aufgeschwungen hat, die von uns selbst in den Gestalten von Produktivität, Produktionsrate, Effektivität, Zuwachsrate, Fortschritt gottgleich verehrt wird. Er ist ein Demonstrant, eindringlicher Demonstrant gegen diese Welt, weil er ihr zugleich zum Opfer fällt.

Das Zeugnis

Wer ist er? Was treibt ihn? Was läßt ihn bis zum Äußersten kommen? Er hat ein Schild um den Hals gehängt – wie es sich für einen Demonstranten gehört. „INRI" steht drauf: Jesus von Nazaret, König der Juden. Wir kennen den Titel. Er ist Name und Zeugnis zugleich. Dieser Jesus ist im Tod nicht stumm. Sein Tod ist nicht ausdruckslos. Er ist fortwährendes Zeugnis. Für uns spricht er Bände. Was er zu sagen hat: die Kunde von der Herrschaft Gottes, die ausbricht. Die Botschaft, die in ihm selbst zur Wirklichkeit wird. Hörbar und greifbar beginnt Gott in ihm sein Wirken. Er zeigt sich als „Abba" – „Vater", der dem Verlorenen entgegengeht. Er zeigt sich als Hirte, der das verirrte eine Schaf sucht. Er zeigt sich als Freund der Sünder, der Ausgeschlossenen, der Nichtswürdigen. Er weist den Irrenden den Weg. Er holt die Alleingelassenen ab.

So zeugt Jesus Christus von der neuen Herrschaft, der Herrschaft Gottes. So einladend diese Zusage und diese Botschaft ist: Sie kann in dieser Welt nicht anders wahr werden als im Gegensatz zur herrschenden Gegebenheit, im Gegensatz zur Herrschaft der Leistungsfähigen und Gerechten, die den Verlassenen und Hilflosen keinen Platz einräumen. Sie kann sich nur durchsetzen im Zeichen des Kreuzes, weil sie alles durchkreuzen muß, woran der Mensch sich verloren hat. Es ist ein Zeugnis für die Herrschaft Gottes. Deshalb muß es zum Gericht dessen werden, wovon sich der Mensch beherrschen läßt, woran er sich gehängt und wovor er sich gleichsam wie vor goldenen Kälbern niedergeworfen hat. Dazu gehört das Verlassen auf die eigene Kraft, das den Kraftlosen diskriminiert, die Faszination der eigenen Produkte, die die Isolation und Traurigkeit des Menschen in den Hintergrund drängt, die Präzision und die Produktivität seiner Planungen, die wie in einem kalten Griff den Menschen würgt, die selbstprojektierte Zukunft, die den einzelnen der Angst und Bedrohung ausliefert.

Zeugnis ist es gegen diese Götter der Wirklichkeit – Zeugnis für den Gott über aller Wirklichkeit, der seine Herrschaft wahrmacht. Und der, der dieses Zeugnis aussagt, ist nicht ein x-beliebiger Dolmetsch, nicht ein unverbindlicher Prophet: Nein, in ihm selbst ist die Nähe Gottes da. In ihm selbst wird es wahr, was Gott dieser Welt zugedacht hat. In ihm selbst beginnt eine neue Wirklichkeit. Dafür ist er wahrer und treuer Zeuge. Die Kunde ist so wahr und verläßlich, daß Jesus Christus auch zum letzten und äußersten Zeugnis bereit ist. Die Nähe Gottes ist so gewiß, daß er sich in letzter zeugnishafter Kraft ihr überlassen kann. So wird er Zeuge in seinem Tod, daß selbst die größte menschliche Verlassenheit und Erbärmlichkeit, das Hinausgeworfensein und die

Entmenschlichung sowie der Tod angesichts dieser Nähe ihr grausames Gesicht verloren haben. Er wird Zeuge, daß dort, wo alles bodenlos und dunkel wird, wo die Leere gähnt, nichts anderes erahnt werden kann als die treue Nähe des Vaters, der sich bis in den Abgrund hinein nicht vom Menschen trennen läßt. Jesus Christus, der Zeuge der neuangebrochenen Herrschaft Gottes, legt hier sein tiefstes Zeugnis ab: wenn er den Abgrund menschlicher Sinnleere, den Abgrund menschlicher Erbarmungslosigkeit und menschlicher Grausamkeit durchsteht und sich dem noch viel tieferen Abgrund, dem allumfassenden, alles tragenden Hintergrund dieser Welt überläßt.

Das Zeugnis wird weitergereicht

Sein Zeugnis steht groß und bestimmend inmitten unserer Welt – doch ist es nicht letztlich von dieser harten Wirklichkeit überrollt und zur Episode gestempelt? Geht es nicht unter – auch dieses kraftvolle Zeugnis Jesu Christi? Das Evangelium spricht davon, daß unter dem Kreuz angesichts des Zeugnisses Jesu Christi, die Kirche gezeugt wird, eine neue Zeugenschaft, die das Zeugnis Jesu Christi weiterspricht: „Und der das gesehen hat, bezeugt es, und sein Zeugnis ist wahr. Er weiß, daß er die Wahrheit sagt, damit auch ihr glaubt." Das Zeugnis ist vollbracht. Doch die unter dem Kreuz stehen, haben es weiterzugeben.

So haben die Märtyrer der frühen Kirche sich unter das Kreuz gestellt und die Zeugenschaft Jesu Christi leibhaftig zu ihrem eigenen Zeugnis gemacht. Sie haben die Botschaft Jesu Christi, die Botschaft vom nahen Gott gelebt, auch dort, wo es sie alles kostete. Sie konnten das Zeugnis ablegen, weil sie von keiner letzten Verlorenheit bedroht waren. Sie konnten das Lebenszeugnis Jesu Christi mitübernehmen, weil sie im festen Glauben lebten, daß sich auch in ihrem Zeugnis die Botschaft von der Nähe Gottes mitteilen würde. Und so stehen wir heute unter der Botschaft des Kreuzes, sind ebenso und doch auch anders zur Zeugenschaft bestellt. Damit in der Zeugnisgabe, die uns aufgetragen ist, inmitten unserer Welt des starren Eisens, der zerschneidenden, trennenden Drähte und der drohenden Masten der nahekommende Gott sich hineinzeugt.

Das Zeugnis wird ein Zeugnis des Kreuzes bleiben, ein Zeugnis also, das sich mit der Wirklichkeit nicht einfach abfindet, das vielmehr durchkreuzt, angreift und Schmerzen bereitet. Ist es das Zeugnis dessen, der aus der Phalanx der sogenannten Erfolgreichen ausbricht und seinen Platz an der Seite der unrühmlichen Interessenvertretung der Letzten einnimmt? Ist es das Zeugnis dessen, der sich nicht einfach von den Gegebenheiten überzeugen läßt und sich nicht den Anforderungen, den sogenannten notwendigen Pflichten gefangennehmen läßt, der vielmehr seine Aufmerksamkeit, seine Spontaneität und seine Selbstlosigkeit bewahrt? Ist es das Zeugnis dessen, der sich nicht zurückzieht aus der Gesellschaft und aus allen politischen Verpflichtungen, der vielmehr wach alle Formen der Versklavung und der Manipulation beobachtet und sich nicht scheut, auch in aller Zweideutigkeit für praktikable Entwürfe und Lösungsmodelle einzutreten, die den menschlichen Lebens- und Entfaltungsraum erweitern? Ist es das Zeugnis dessen, der nicht die falsche Geduld des Hinnehmens praktiziert, aber auch die echte Geduldsarbeit nicht scheut, die das Lebenslos eines Nächsten von ihm erfordert, auch dort, wo alle Mühe umsonst zu sein scheint? Das Zeugnis bleibt ein Zeugnis des Kreuzes, wo aber das Zeugnis Jesu Christi aufgegriffen wird, spricht sich Gottes Heilswille und Gottes Nähe und Zusage weiter in diese Welt hinein.

Da unsere Geschichte als Kirche unter dem Kreuz Jesu Christi begann, da sein Zeugnis unser Zeugnis gezeugt hat, ist uns die Aufgabe zugesprochen, unser wahres Kreuzeszeugnis abzulegen, ist uns aber auch die Zusage übergeben, daß Gott auch und gerade durch unser schwächliches Zeugnis hindurch sein Heil wahrmacht.

Christoph Keller

Jesu Tod für uns

Text: Gal 2, 20

Stellvertretend für einen Familienvater ist z. B. Pater Maximilian Kolbe gestorben. Wie aber kann Jesus für alle gestorben sein? Inwiefern steht Jesu Tod im Zentrum der Erlösung der Menschen?

„. . . der sich für mich hingegeben hat"

Es ist etwa das Jahr 56, 57 unserer Zeitrechnung; seit dem Tod Jesu sind noch nicht ganz so viele Jahre vergangen, wie zwischen uns und dem letzten Weltkrieg liegen. Da sitzt in Korinth ein Mann an einem Brief, den er an einige Christengemeinden in Galatien in Kleinasien schreibt. Der Mann heißt Paulus. Als die Apostel schon lange da waren, ist er erst zu den Christen gestoßen und hat sich mit dem Evangelium der nichtjüdischen Welt zugewandt. Mitten in seinem Brief an die Galater lesen wir folgenden Satz: „Ich lebe im Glauben an den Sohn Gottes, der mich geliebt und sich für mich hingegeben hat" (Gal 2, 20). Das ist insofern ein erstaunlicher Satz, als Paulus den Gekreuzigten überhaupt nicht gekannt hat. Wie kann Paulus sagen, daß Jesus, der Christus, sich für ihn hingegeben hat?

Jesus hat, als er starb, nichts von Paulus gewußt, und Paulus hat von Jesus erst im nachhinein erfahren. Doch sagt Paulus, Jesus sei für ihn gestorben. Und wir sprechen es ihm, auf uns bezogen, in unserem Glaubensbekenntnis nach, daß Jesus auch für uns gestorben ist, obwohl der Abstand zwischen uns und dem Gekreuzigten noch größer ist. Wie kann er für uns gestorben sein?

Natürlich gibt es einen stellvertretenden Tod. Einer tritt für einen anderen ein und läßt sich martern statt dessen, den es getroffen hätte. Denken wir an Schillers berühmtes Gedicht von der Bürgschaft, wo für Damon ein Freund einsteht bis zur Hinrichtung, zu der es dann glücklicherweise doch nicht kommt. Oder denken wir an einen tatsächlichen Opfertod aus unseren Tagen, an Pater Maximilian Kolbe, der im Konzentrationslager Auschwitz für einen Familienvater das Todesurteil an sich vollstrecken ließ. Das ist stellvertretender Tod, wie wir ihn uns zunächst vorstellen. Für uns sterben kann einer, der neben uns steht und das, was uns das Leben kosten würde, auf sich zieht.

Wie aber kann Jesus für alle gestorben sein, für die, die vor ihm, die nach ihm und die mit ihm gelebt haben? Das ist schon ein Problem, wie sein Kreuz zu unser aller Erlösung wird. Jeder, der sich über dieses Problem beugt, wird rasch merken, daß es ihn in große Tiefen führt. Ein Verständnis müßte man gewinnen für den Gang der Geschichte Gottes mit den Menschen überhaupt, für jenen Gesamtplan, in den das Leben und Sterben Jesu eingebettet ist. Wählt man einen kleineren Ausschnitt, bekommt man den Grund unserer Erlösung gar nicht ins Bild.

Wir stoßen damit nun aber auf Dinge, die von einer Größenordnung sind, die wir nicht auszuloten vermögen. Eine einfache Befriedigung von Wissensdurst wird es nicht geben. Jeder Denkschritt, mit dem man an den Kern herankommen will, läßt die Gewissheit steigen, daß er aller logischen Rekonstruktion entgleitet. Wie ein Vogel sich in der Luft bewegen kann, ohne je mehr als ein Bruchteil der Luft in den Schlag seiner Flügel zu bekommen, so können wir wohl in der Erlösung leben und doch nie auch nur annähernd alles unter die Fittiche unseres Verstandes nehmen.

Ob wir mit dem „für uns gestorben" zurechtkommen oder nicht, hängt ziemlich von dem Ansatz ab, dessen wir uns bei unserem Nachdenken bedienen. Man kann sagen: Jesus hat uns durch sein Lebensopfer mit Gott versöhnt, sein Blut hat uns von der Schuld reingewaschen. Nur stellt sich dann sofort die Frage: Was ist das für ein Gott, der das blutige Opfer eines Unschuldigen braucht, um sich gnädig stimmen zu lassen? Gleicht dieser Gott nicht eher einem beleidigten, rachsüchtigen, finster-zornigen Ungeheuer als einem Mann, der sein Kindlein trägt durch die Gefahr, wie es einmal im Alten Testament (Dtn 1,31) heißt?

Gottes Liebe und der Sündenfall des Menschen

Wir müssen anders ansetzen. Nicht Gott wird durch den Menschen versöhnt. Der Mensch ist es, der versöhnt wird, und zwar von Gott her. Wir müssen ansetzen bei der Liebe Gottes. Als Gott es in der Schöpfung zum Menschen, zu einem Ebenbild seiner selbst kommen ließ, konnte er dem Menschen wohl ein Höchstmaß an Liebe schenken und tat dies auch. Daß nun aber dieser von Gott geliebte Mensch seinerseits Gott auch wieder liebte, das zu geben ging vom Wesen der Liebe her nicht. Denn Gegenliebe muß spontan, muß freiwillig, muß eigen hervorgebracht sein; man kann sie dem Partner entlocken, aber nicht diktieren. Sonst wäre es nicht mehr Liebe, sondern etwas anderes, Dressur vielleicht oder Naturgesetz. Der Mensch wäre nichts als eine Marionette, Mechanik in der Hand eines Puppenspielers, und aufgegeben wäre die Idee des Menschen, in dem die Kreatur zu sich selbst kommen und ein korrespondierendes Vis-à-vis Gottes sein soll. Um den Menschen echte Gegenliebe zu ermöglichen, lockerte Gott die sonst bei den Lebewesen übliche Festlegung durch die Instinkte auf und öffnete dem Willen das Tor zur Freiheit. Diese Freiheit schloß allerdings das Risiko ein, daß sie gegen Gott gekehrt und nicht zur Erwiderung der Liebe sondern zur Kündigung des Verhältnisses gebraucht wird.

Solchen Kündigungsgebrauch der Freiheit nennen wir Sündenfall. Obwohl es Gott an Liebe nicht fehlen ließ, strebte der Mensch mit der Macht seiner Freiheit davon. Er riß sich aus den Armen Gottes, wollte sich von Gott nicht abhängig wissen und verbat sich Gottes Sorge als Zudringlichkeit.

In der Folge dieses Schrittes, der unser kollektives Schicksal bildete, entstanden unheilbare Risse:

- Ein Riss zwischen Mensch und Gott: Wie Sisyphus, der Felsenberge anschiebt, die ihm wieder zu Tal rollen, durchleidet der Mensch nun die Qual der Sinnlosigkeit, die Hölle der Gottferne.
- Ein Riss zwischen Mensch und Mensch: Die Sünde vereinigte die Menschen nicht, sondern trennte und türmte Mauern auf, Mauern von Neid, von Rache und Verrat.

- Ein Riß im Menschen selbst: Der Mensch „schämt sich seiner Nacktheit", der Leib wächst ihm über den Kopf, die Arbeit wird ihm zur Last, der Tod zu einer Bedrängnis, die das ganze Leben von hinten her auffrißt.

Gott aber hat nicht aufgehört, diesen störrischen, sein eigenes Glück zerstörenden Menschen zu lieben. Er macht es wie die Eltern mit ihrem Sorgenkind. Er konzentriert seine ganze Liebe auf den selbstmörderisch sich um seine Zukunft bringenden Menschen.

In aller Stille wird das Unerhörte wahr: Gottes Wort, dem der Mensch die Ehre, sich ihm zu verdanken, nicht gegeben hatte, wird selber Mensch, begibt sich aller göttlichen Macht und lebt, mitten in ungeschützter Endlichkeit, ein exemplarisches Menschsein. Hier fängt eigentlich das „für uns" an, in der Menschwerdung. Alle späteren Ereignisse bis hin zum Galgentod sind nur deren Folgeerscheinungen. In der Menschwerdung geht Gottes Schöpferwort auf die andere Seite, die geschaffene Seite, und übernimmt die Stelle des Menschen, die der Mensch einzunehmen gescheitert war.

- Aus der Stimme eines Menschen – Jesus – hallt Gott nun das vollkommene Lob entgegen.
- Aus der Freiheit eines Menschen strömt Gott nun die vollkommene Sympathie mit seinem Willen entgegen.
- In der Selbsthingabe eines Menschen spiegelt sich nun ungetrübt die schöpferische Liebe Gottes.

Christus, der neue Adam

Daß es zum Kreuz kam, ist nicht selbstquälerischer Vorsatz des Menschgewordenen, sondern die bittere Logik unserer Gemeinheit. Wir hielten nicht aus, daß da ein Mensch war, der Gott konsequent die Ehre gab und damit einer unserer Selbsteinschätzungen nach der anderen zu nahe trat. Es war aufreizend, daß er aus der Art schlug, und deshalb mußte er ausgelöscht werden. Er war wie eine fleischgewordene Anklage. So wird seine unerhörte Schuldlosigkeit der Punkt, an dem die gesammelte Bosheit der Menschen sich festbeißt. Die Menschen schlagen den ans Kreuz, der Gott über alles liebt und ihre Rebellion nicht mitmacht.

Hätte er, als der Schatten des Kreuzes auf ihn fiel, kehrtmachen sollen? Nein, die Tatsache, daß er jetzt, wo es sogar das Leben kostet, zu Gott steht, legt erst die Absolutheit und Totalität seiner Hingabe frei. Er hat sich Gott keinen Augenblick entzogen, auch nicht, wo unsere Gottlosigkeit die Feuerprobe veranstaltete. Das Kreuz wird zum schlagenden Beweis seiner Liebe. Ein altes Wort sagt sehr wahr: Ohne Kreuz ist Liebe leer, ohne Lieb' das Kreuz zu schwer.

Noch ist der Bogen nicht ganz ausgefahren. Am Kreuz hängt zwar unser Heil. Der Gekreuzigte hat als erster vollbracht, was der Mensch hätte tun sollen: die Zuneigung Gottes durch eine entsprechende Zurückneigung beantworten. Aber wo ist die Verbreiterung dieses Geschehens auf uns hin? Da fällt unser Blick auf Ostern. Gott greift auf das nunmehr abgeschlossene vorliegende Leben des exemplarischen Menschen zurück und macht es zum Leben für alle. Gegen den Aufstand Adams setzt Gott die Auferstehung Christi. Er erweckt ihn, den am Schandpfahl Umgebrachten, von den Toten. Christus wird zum neuen Adam.

Erlöst sind wir, weil und insofern wir aus ihm hervorgehen. Wie ein junges Reis wird er auf den unfruchtbaren Baum der Menschheit aufgepfropft. Wer in ihm wurzelt, saugt die heilende, befreiende, erlösende Kraft des von Gott gestifteten Neuanfangs in sich hinein. Wenn sein Leben durch unsere Adern rinnt, sind auch wir so frei, Gottes Liebe aus seiner Schöpfung heraus zu reflektieren.

In der Taufe an Christi Tod und Auferstehung angeschlossen, sind wir aus seinem Leben neu geboren und über den alten Adam hinausgewachsen. Das muß als grundlegende Wahrheit von uns fortschreitend ergriffen werden. Wir sind in den Vorgang Christi eingepflanzt. Dieses in Christus-Sein wird durch jede Glaubensentscheidung gegenüber der Welt sichtbar gemacht und durch jede Eucharistie in der Gemeinschaft der Kirche zugleich verstärkt. „So lebe nun nicht mehr ich, sondern Christus lebt in mir", sagt Paulus im Galaterbrief (Gal 2, 20). So hat der Gekreuzigte seine Existenz in uns hinein verlagert, und wir machen sie uns zu eigen, indem wir uns treiben lassen, wohin sein Geist uns treibt.

Roland Rube

Der Tod Jesu – Antwort auf unser Leid?

Gott und das Leid zusammenzubringen ist schwer. Im Kreuz ist es möglich. Es ist nicht nur Zeichen des Scheiterns, des Nicht-mehr-Könnens, der Verlassenheit, es ist auch Zeichen der Treue Gottes. Gott hat Jesus durch das Todesdunkel hindurchgetragen.

Gott und Leid

„Leiden sind Himmelsgrüße", sagt die Gemeindeassistentin mütterlich am Bett des Kranken und lächelt ihr strahlendstes Lächeln. Möglich, daß sie das selber glaubt, vielleicht sogar erfahren hat. Es kann ja keiner in den anderen hineinsehen. In mir aber wehrt sich alles dagegen. Mir kommt diese landläufig fromme Antwort einfach zu billig vor. Nimmt sie menschliches Leid nicht viel zu leicht? Wird durch eine solch fromme Schau des Leidens nicht ein Abgrund verdeckt, in den sich der Fromme vielleicht nicht hineinzuschauen getraut? Weil er Angst hat, in diesen Abgrund zu stürzen? Auf jeden Fall: Um eine solche Antwort annehmen zu können, muß einer entweder beschränkt sein, oder tatsächlich durch alle Tiefen hindurchgegangen sein.

Viel lieber halte ich es mit denen, die offen zugeben, daß sie Gott und das Leid nicht zusammenbringen können, und die aus ihrer Anfechtung heraus fragen: Kann Gott gerecht sein? Wie kann seine Schöpfung gut sein, wenn auch heute noch Menschen ihrer Überzeugung wegen umgebracht werden? Wenn kleine Kinder bei einem Unfall Vater und Mutter verlieren? Oder die letzte Versuchung: Gibt es überhaupt Gott oder sind wir allein im Weltall, schutzlos einem blinden Schicksal und unserer Grausamkeit ausgeliefert?

Vielleicht kennen Sie die Stelle aus dem Roman „Die Pest" von Albert Camus, wo der Arzt Dr. Rieux, ein ehrlicher Agnostiker, dem Pater Paneloux, der verzweifelt versucht, den guten Gott und die grausame Pest zusammenzuhalten, entgegenschleudert:

„Nein, Pater, ich habe eine andere Vorstellung von der Liebe. Und ich werde mich bis in den Tod hinein weigern, eine Schöpfung zu lieben, in der Kinder gemartert werden." – Ebensolche dunkle Erfahrungen waren es wohl, die den Dichter Wolfdietrich Schnurre folgendes sagen ließen: „Gott ist schwarz. Nichts ist schwärzer als Gott; alles, was schwarz ist, hat seine Schwärze von ihm."

Ob solche Antworten auf die Erfahrungen menschlichen Leides nicht ehrlicher sind? Einfach deshalb, weil sie diesen Abgrund, der sich im Leid zwischen Gott und uns auftut, zugeben. Weil sie nicht versuchen, diesen Abgrund zuzudecken und diesen unbegreiflichen Gott auf das Niveau menschlichen Begreifens herabzuziehen. Der Gott, der uns keine Not bereitet, der Gott, der immer das ungeteilte Ja seiner Gläubigen findet, ist ein kleiner Gott.

Das Kreuz: Halt und Zeichen der Liebe

Aber wie diese Unbegreiflichkeit Gottes aushalten und trotzdem glauben? Wie sieht diese Frömmigkeit aus, die angesichts des Leides und des Todes vor diesem Gott aushält? Ich denke an ein Gespräch mit einer sterbenden Patientin. Sie hatte furchtbare Schmerzen, die ihr auch die Medikamente nicht ganz nehmen konnten. „Immer, wenn ich nicht mehr weiter kann, schaue ich auf ihn", meint sie und weist auf das Kreuz, das ihr gegenüber an der Wand hängt, „er hat auch nimmer können." Sie hätte ja auch sagen können: „Er hat unsere Schmerzen getragen." Oder: „Ich darf ihm das Kreuz nachtragen." Aber nein, sie steht dazu, daß sie oft verzweifelt ist, daß sie oft nicht mehr weiter kann. Das ist ihr einziger Halt – nicht Trost –, daß er am Kreuz auch nicht mehr weiter konnte, sondern mit einem lauten Schrei verendet ist. Warum ist das Kreuz dann nicht Bestätigung der eigenen Verzweiflung?

Da ist ein 38jähriger Mann, der seit 20 Jahren im gleichen Krankenzimmer liegt. Er kann den Kopf bewegen, sonst nichts. Seine Arme und Beine sind sehr dünn, Finger und Zehen verkrümmt; er wiegt 40 kg. Einer der letzten Fälle von Kinderlähmung in seiner Gegend. Er ist ausgeglichen, aber ängstlich, da er völlig hilflos ist, in den kleinsten Dingen auf die Hilfe anderer angewiesen. Er liest viel, malt mit dem Mund wunderschöne Bilder, Karten und Kerzen und hat seine Heiterkeit nicht verloren. Er sagt selbst, es ist vor allem deswegen, weil seine Familie und seine Gemeinde – er ist neuapostolisch – ihn nicht aufgeben und sich seiner stark angenommen haben. Er steht es durch, weil andere ihn begleiten, sich ihm zuwenden. Sein Leiden wurde erträglich, weil er die Erfahrung der Liebe machte, die ihn hindurchtrug.

Das Kreuz ist nicht nur Zeichen des Scheiterns, des Nicht-mehr-Könnens, der Verlassenheit, denn der, der an diesem Kreuz gestorben ist, lebt. Gott hat ihn nicht allein gelassen, er hat ihn durch das Todesdunkel hindurchgetragen. So ist das Kreuz auch das Zeichen der Treue Gottes, seiner nie endenden Liebe. Kann so auch die Erfahrung unseres Leides in der Tiefe eine Erfahrung des Getragenseins, der Liebe werden? Vor allem, wenn liebende Menschen, die uns begleiten, uns „durchsehen" lassen?

Vielleicht wird eine solche Antwort in erster Linie dem Glaubenden zugänglich sein, denn glauben heißt ja, sich, dem Gekreuzigten ähnlich, Gott übergeben haben. Glaube heißt, sich in das Dunkel Gottes hineinzubegeben, hineinfallen zu lassen, in der verzweifelten Hoffnung, gerade in dieser Dunkelheit den Gott finden zu dürfen, der sich mit Jesus, dem Gekreuzigten, identifiziert hat, der ihn selbst im Tod nicht losgelassen hat, den Gott, dessen Liebe den Tod besiegt. Der Leidende vermag so an ein Geheimnis zu stoßen, das ihn verändert. Leid kann bereit machen zur Erfahrung der Liebe; es kann bereit machen, selbst zu lieben. Das Unglück kann zu einem Funken der Gottesliebe werden.

„Freilich, es gehen auch Menschen in ihrem Leid zugrunde. Sie finden keine Sinnwelt, die trägt, nur den Abgrund. So ist die Spur des Leidens niemals eindeutig. Sie kann zu Gott hinführen oder ins Scheitern. Freilich wissen wir nicht, ob nicht auch das Scheitern ein Weg zu Gott hin sein kann" (Grabner-Haider, Thema Mensch, 1974, 103).

Dieter Müller

„An dem das Heil der Welt gehangen"

Text: Joh 3, 16

Die Verkündigung des gekreuzigten Erlösers hat eine öffentlich geschichtliche Dimension. Nicht von selbst verändert sich die Welt, sondern durch die Tat Gottes, die sich im Glauben der Christen auf die Welt auswirken muß.

Das Heil der ganzen Welt

Heute ist alles weltweit geworden: das Leid und die Hoffnung der Menschen. Ganz gleich, wo wir zusammenkommen und wie wir leben, keiner lebt mehr für sich, keiner kann für sich leben. Die Zusammenhänge zwischen Krieg und Frieden sind weltweit. Es gibt nicht mehr die Ruhe in Europa, wenn „hinten in der Türkei" gekämpft und gekriegt wird. Wir können unsere Augen und Ohren nicht verschließen vor Hungersnot, Krankheit oder Naturkatastrophen. Wir sitzen alle in einem Boot. Energiemangel, Wirtschaftskrisen und Bedrohung der Natur durch Giftstoffe der Industrie, das sind Probleme, von denen alle berührt werden.

Es gibt keine Insel, auf die man sich retten könnte, um ein geruhsames Leben zu führen. Unser inneres Leben, unser Glauben und Hoffen, aber auch der bescheidene Raum und Rahmen unseres persönlichen Lebens in der Familie und im überschaubaren Kreis unserer Freunde ist angerührt, geleitet oder bedroht von der Gesamtentwicklung und den meist undurchschaubar dahinterstehenden Kräften und Mächten. In dieser Welt hat der Glaube sich als Glaube zu erweisen. Und es ist unbezweifelbar, daß der christliche Glaube dem einzelnen Hilfe, Kraft und Richtung des Lebens verleiht. Außerdem hat der Glaube auch als eine öffentliche Angelegenheit zu bestehen, denn die Gläubigen als solche bilden Teile dieser Welt. Die christlichen Gemeinden und Kirchen müssen im Glauben dieser Welt bestehen, ja sogar versuchen, sie zu gestalten und zum Besseren zu wenden. Aber nicht nur, weil es Gemeinden und Kirchen gibt, hat der Glaube diese öffentliche Dimension; aus sich selbst heraus beansprucht er, für die ganze Welt zuständig und verantwortlich zu sein. Das ist unbestreitbar: Der christliche Glaube hat mit der Zukunft und dem Geschick der ganzen Welt und aller Menschen zu tun, weil Gott unser Retter will, daß alle Menschen gerettet werden (1 Tim 2, 3–4). Und das ist der Anspruch und zugleich die Verheißung des christlichen Glaubens: In Jesus Christus ist das Heil der Welt erschienen, in ihm wird es gewirkt und in ihm wird es vollendet.

Liturgie für die Welt

So paradox und unglaublich dies erscheint, die Liturgie der christlichen Gemeinde spricht mindestens genausooft von denen draußen wie von denen drinnen. Was in der Gemeinde gefeiert wird, gilt denen draußen, gilt der ganzen Welt. In eindrücklicher Weise zeigt das die Liturgie des Karfreitags. Zur Verehrung des Kreuzes wird gesungen: „Seht das Holz des Kreuzes, an dem das Heil der Welt gehangen." In umfassender Stellvertretung tritt die Gemeinde ein für alle Anliegen der Menschen und nicht nur für die der Christenheit. Nicht eine Liturgie der frommen Verehrung und des Mitfühlens breitet sich in dieser Feier aus, sondern der dramatische Gesang zwischen Gott und seinem Volk, dem Volk der Menschheit aller Nationen und Rassen, aller Zeiten, aller Geschichte. Was am Kreuz geschah ist für uns, für die Vielen, für alle Menschen geschehen, so lautet der Zentralsatz des christlichen Glaubens. Dieses Ereignis will nicht nur den einzelnen Christen ergreifen, sondern tatsächlich die ganze Welt, denn es geschieht zu ihrem Heil und damit sich „ihre Knie beugen" (Phil 2, 10).

Heilsgeschichte in der Weltgeschichte

Eine bloße Geschichte vom Gekreuzigten hilft der Geschichte der Menschen nicht. Das Kreuz kann nicht einfach als Historie erzählt werden, denn das Kreuz als vergangenes Leid nützt dem jetzigen Elend nicht. Das Kreuz als Symbol wird leicht zur Gewöhnung, die Tröstung zur Vertröstung.

In der Weltgeschichte gibt es die ununterbrochene Geschichte der Unterdrückung und Ausbeutung des Menschen. Ganze Rassen sind von Schicksalsschlägen, Hunger und Ausrottung bedroht worden und was noch schlimmer ist, von der Unterdrükkung durch andere. Sie entfernen sich so immer mehr vom eigentlichen Ziel, befreite, erlöste Menschen zu sein. In ähnlicher Weise geraten wir, die Angehörigen der reichen und technischen Zivilisation, durch die Maschinerie der Technik und die Manipulation der Werbung auf einen Weg, auf dem unsere Menschwerdung aufs Höchste durch raffinierte Versuchung und feinste Gängelungen von außen gefährdet wird.

In dieser Bedrohung des Menschen kann die Verkündigung des Gekreuzigten nicht einfach eine Erinnerung an ein Damals oder eine billige Vertröstung auf das Jenseits sein. Durch diese Auffassung würde nur die eine Entfremdung des Menschen von seiner Befreiung durch eine andere ersetzt. Sie könnte den Menschen nicht befreien, weil sie das Kreuz hinnimmt wie ein Ereignis, das sich in der Geschichte wie ein großer Unfall abgespielt hat.

Die christliche Hauptfrage

Die entscheidende Frage an die christliche Botschaft lautet: Wie kann dieser Tod für die Vielen geschehen? Das heißt nicht nur, wie kann dieser Tod stellvertretend all die Ungerechtigkeit, die menschliche Not, das Böse in der Welt auf sich nehmen, sondern ebenso, wie kann der Mensch, auch der zukünftige, durch den Tod dieses einen erlöst und befreit werden. „Das Problem ist also nicht, daß ein Gerechter an fremder Schuld gestorben ist. Das wäre in unserer verkehrten Welt nichts besonderes. Sondern es soll der Gerechte und Schuldlose, durch seinen ungerechten Tod stellvertretend Sühne für alle geleistet haben". (Seckler, Hoffnungsversuche, 1972, 59). Solches Denken beinhaltet einen zu grausamen Mechanismus zwischen der Gerechtigkeit Gottes und dem völlig schuldlos Unschuldigen, dem Opfer. Einem solchen Mechanismus wird heute nicht mehr geglaubt. Das Übermaß an Leid und die geradezu teuflische Planmäßigkeit mit der Krieg, Unterdrückung und Ungerechtigkeit sich von Tag zu Tag neu in unsere Welt hineingebären, drohen, den Angstschrei des Gottessohnes am Kreuz zu ersticken in tausend anderen Schreien gequälter Menschen. Das Kreuz wird zu einem Symbol der Hilflosigkeit statt zum Zeichen der Rettung und des Heiles.

Das Leid dieser Erde klagt Gott an und fordert den Glauben heraus, Stellung zu beziehen. Und trotzdem feiert die christliche Liturgie ihren Gott, der im Kreuz Jesu Christi den Anfang des Heiles und die Wende zur bleibenden Rettung geschaffen hat. Diese Liturgie redet in die Welt und kennt das Leid, aber sie verliert sich nicht darin, sie rühmt sich nicht in Selbstgefälligkeit der menschlichen Ohnmacht und Schwäche, sie erbittert nicht am Bösen, am nicht zu beendenden Krieg, am unendlichen Haß, sie singt nicht enttäuschte Lieder über die fehlgeschlagene Revolution, sie läßt einzig und allein zuerst Gott zu Wort kommen. Und mit dem ergreifenden, vom Urchristentum überlieferten Gesang wendet sich in der Karfreitagsliturgie der Kirche Gott selbst an sein Volk, anklagend als der, der gerade in der menschlichen Geschichte die Fragen an die Menschen stellt und sich so sein Volk schafft, auch wenn er es zuerst zur Umkehr und zur Buße durch diese Fragen bewegen muß: „Mein Volk, was habe ich dir getan? Womit nur habe ich dich betrübt? Antworte mir! Ich habe dich mit Manna genährt in der Wüste: Und du – du hast mich in das Gesicht geschlagen und hast mich gegeißelt!"

Das Kreuz ist folglich nicht irgendein vergangenes Geschehen, ein Durchgangsstadium auf dem Weg zur himmlischen Herrlichkeit. Durch die Auferstehung wird eindeutig gesagt, wer hier eigentlich litt und starb. Der Gekreuzigte hat sich nicht in einen Auferstandenen und Verherrlichten verwandelt. Seine Auferweckung macht den Gekreuzigten vielmehr zum Christus und sein Leiden und Sterben erweist sich als ein Heilsgeschehen für uns und für die Vielen (Moltmann, Der gekreuzigte Gott, 1972, 170). Von der Auferstehung her wird deshalb alles ausgehen müssen, was Auskunft geben will über Gottes Tun an uns, wie es in Jesus, in seinem Leben, in seinen Worten und in seinem Tod für uns geschehen ist. Die Auferweckung und die Verkündigung dieser Auferweckung geschieht ja gerade nicht so, daß damit „das Kreuz Christi um seine Kraft gebracht wird" (1 Kor 1, 17), sondern die Auferweckung Jesu macht sichtbar, daß Gott in Jesus gehandelt hat, und daß in der Auferstehung des Gekreuzigten das Heil für uns, die „Toten", anfängt.

Was Jesus getan hat in der Begegnung mit den Sündern, in der Heilung der Kranken, in Wort und Predigt vom Reich Gottes, das erfahren die Menschen als die erstaunliche Zuwendung der Liebe und Güte Gottes, als die hoffnungsfrohe Annäherung Gottes über alle Schranken von Schuld und Sünde, von Elend und Bosheit hinweg. Er entfacht in ihnen Hoffnung, er läßt in dem Glück aufatmen, daß Gott ihnen eine neue Zukunft, ein neues Leben schenkt. Er war in allem, was er tat und sagte, eine Befreiung vom Druck einer dunklen und dumpfen Hoffnungslosigkeit, er war für sie Erlösung auch in seinem Tod. Er war es, weil Gott in seiner Auferweckung diesen Zeugen und Boten, diesen ganz und gar liebenden Menschen annahm und zum Zeugen seiner Liebe in der Welt machte. Das bedeutet, daß Jesu Kreuzestod auch die Bedeutung seiner Auferweckung für uns zum Ausdruck bringt. Nicht seine Auferstehung macht also klar, daß der Kreuzestod für uns geschehen ist, sondern umgekehrt wird in seinem Kreuzestod, der für uns geschehen ist, deutlich und offenbar, daß seine Auferweckung „uns voran" geschah (Moltmann).

Erlösung als Befreiung

Wie der Mensch seine letzte Gefangenheit an die Macht des Bösen durch den Tod zu erkennen gibt, so ruft die Welt und die Geschichte des Menschen nach Befreiung und Erlösung aus den unüberwindbaren Teufelskreisen der Armut, der Gewalt, der Sinnlosigkeit. Sie sind allesamt und durch alle Zeit unübersehbare Dimensionen der Unerlöstheit. Der Teufelskreis des Todes, der im Kreuz Christi und seiner Auferstehung gesprengt wird, hat seine öffentliche, soziale und politische Seite. Hier wird sich der Glaube zu verschiedenen Taten der Befreiung, zur Befreiung der verschiedensten Art und Weise ermutigen lassen dürfen.

Zuerst zu nennen ist der Teufelskreis der Armut, der aus Hunger, Krankheit, früher Sterblichkeit und durch Ausbeutung und Klassenherrschaft hervorgerufen wird. Hier können von jedem am öffentlichen Geschehen Orientierten konkrete Zahlen über das Gefälle von Geben und Nehmen zwischen den Industrienationen und den zurückgebliebenen Agrarländern genannt werden. Hier kann auf das Mißverhältnis der großen Wirtschaftssysteme und der Abhängigkeit der Kleinverdiener von Lohn- und Preisspirale hingewiesen werden. Hier sind die Randgruppen der Bevölkerung zu nennen, die in damaliger Zeit Jesus in besonderer Weise ausgewählt hat, um das befreiende Handeln Gottes allen vor Augen zu führen. Hier sind die Gastarbeiter in Nordeuropa zu nennen, die in einem hoffnungslosen Zirkel von Verdienen und Heimatlosigkeit gefangen sind.

Als weiterer Teufelskreis, in den hinein das Kreuz Christi verkündet werden muß, sei die Dimension der Gewalt genannt, der Privilegien, der Mißachtung der Menschenrechte, des bedrohlichen internationalen Rüstungswettlaufs und der Gefährdung des Friedens. Ebenso die Entfremdung, die der Mensch erleidet in seiner übertechnisierten und technokratischen Entwicklung, die ihn in eine Abhängigkeit von den Maschinen und in eine Fremdheit zu seinem eigenen Wesen bringt.

Zuletzt, nicht aber als unbedeutendes Anhängsel, sei der Teufelskreis der Sinnlosigkeit und Gottverlassenheit genannt. Die Desorientierung, die Ratlosigkeit und Resignation vieler Menschen müssen als Zielerkrankungen angesehen werden. Lähmende Apathie und die Gefahr einer leichten Manipulierbarkeit und Verführbarkeit der Massen sind die Folgen. Die Dimensionen dieser Befreiung lassen sich ermutigen und motivieren vom befreienden und erlösenden Handeln Gottes, wie es in Jesus Christus sichtbar geworden ist. Ein solches öffentliches Eintreten für soziale Gerechtigkeit, für verantwortliche Teilnahme an den wirtschaftlichen und politischen Mächten und Kräften, für die Durchsetzung und Einhaltung der Menschenrechte in allen Völkern und Staaten, für die Sicherung und Einübung menschlicher Freiheit und Selbstbestimmung, für den Schutz und die Befriedung der Natur, die Erhaltung der kulturellen Güter – ein solches Eintreten macht den öffentlichen, welthaften und geschichtlichen Anspruch des Kreuzes Christi deutlich und behauptet ihn hoffend als Versöhnung und Erlösung inmitten der Geschichte und der Öffentlichkeit der Welt (vgl. Moltmann 306).

Dieter Müller

„Deinen Tod, o Herr, verkünden wir"

Text: Röm 14, 9

Die Verkündigung des gekreuzigten Christus hat eine endzeitliche Dimension. Ausgehend von der Liturgie der Gemeinde will die Predigt das Leiden und Sterben des Gekreuzigten als Heilsgeschehen für uns verkündigen. Auferstehungshoffnung, Erwartung kommender Herrlichkeit, Verwandlung der Welt und Vergebung der Sünden gründen in der Auferstehung des Gekreuzigten, der auch als Kommender die Wundmale des Kreuzes trägt.

Liturgie und Bekenntnis der Kirche

Wir haben uns so an das Kreuz gewöhnt, daß wir oft genug vergessen, daß es sich hier tatsächlich um einen konkreten Menschen gehandelt hat, der gekreuzigt wurde. Wenn wir vom Kreuz Christi sprechen, sprechen wir zunächst und zuallererst von unserem Glauben an den Gekreuzigten. Der Gekreuzigte ist nur interessant, weil er zum Glauben gehört. Wer nicht glaubt, hat vielleicht eine gewisse Beachtung übrig für ihn, aber er ist ihm nur Beispiel unter vielen, für alle Gewalt, die dem Menschen angetan werden kann, für alles Leid, das ein Mensch erleiden kann. Der Gekreuzigte ist höchstens zu einem Vergleich gut.

Zu jeder Stunde ihrer Geschichte hat die Kirche das Kreuz und die Auferstehung Christi in Bekenntnis und Liturgie untrennbar zusammengehalten. So folgt zu dem unerschütterlichen Bekenntnis: „Gekreuzigt, gestorben und begraben, am dritten Tag auferstanden von den Toten" die nie unterbrochene Feier des Todes und der Auferstehung des Herrn, der wir heute in unserer Muttersprache in der Liturgie Ausdruck geben mit dem Satz: „Deinen Tod, o Herr, verkünden wir und deine Auferstehung preisen wir, bis du kommst in Herrlichkeit."

Der verkündete Tod Jesu

Jesus hat das Reich Gottes verkündet, nicht sich selbst. Aber in dieser Predigt und in seinem Leben wird sichtbar, wer er selbst ist: der Gesandte und Geliebte des Vaters. Seinen Tod hat er angenommen als dunkles und schweres Muß, das der Vater ihm auferlegte. Mehrmals und ausdrücklich sagt das Johannesevangelium, daß „seine Jünger das alles zunächst nicht verstanden, als Jesus aber verherrlicht war, erinnerten sie sich, daß dies über ihn geschrieben war und daß man so an ihm getan hatte" (Joh 12, 16). Vom auferweckten Christus also begreifen und verkündigen die Jünger das Kreuz Jesu. „Gekreuzigt und auferweckt" ist die einzig zureichende Beschreibung für Jesus Christus, und wo beides gesagt wird, da ist Kirche. Beides in einem gilt, nicht hier ein Jesus, der gelebt und mit den Menschen gesprochen hat, der Hunger hatte und leiden mußte und dessen Leben in entsetzlichen Qualen endete, und dort der Menschensohn, der Christus des Gerichts, der Richter über Lebende und Tote, hier also die Geschichte eines Menschen, dort Hoffnung und Erwartung eines Gottes, der am Ende der Zeit in die Geschichte eingreift. Daß es ein Christentum gibt, liegt nicht nur daran, daß es eine Geschichte des Lebens und des Sterbens, der Verkündigung und des Wirkens Jesu gibt, sondern in gleicher Weise ist es die Wirkung eines unerwarteten Handelns Gottes in der Auferweckung Jesu des Gekreuzigten.

Der Tod Jesu im Lobpreis der Auferstehung

Was außer der Auferstehung hätte überhaupt dazu führen können, daß sich irgendwer noch mit der längst vergangenen Person und Geschichte Jesu von Nazaret beschäftigt hätte. Als eine Person der Geschichte wie andere auch wäre er längst vergessen. Vielleicht würde er noch in einem Geschichtsbuch auftauchen, aber darüber hinaus gäbe es keinen hinreichenden Grund, sich seiner zu erinnern, weil seine Botschaft durch den Kreuzestod längst widerlegt wäre. Der Auferstandene aber, der die Wundmale des Kreuzes trägt, an den man glaubt und den man als den Lebendigen und den Kommenden verkündet, wird jeder neuen Zeit zum Geheimnis und zur Frage (Moltmann).

Von den Anhängern Jesu wurde seine Kreuzigung zunächst zweifellos als das Gegenteil eines rettenden Ereignisses erfahren. „Da verließen ihn alle und flohen" (Mk 14, 50). Eine neue, unmittelbare Erfahrung war für die Jünger notwendig, damit sie an diesen hingerichteten, scheinbar gottverlassenen Menschen als den Lebendigen, von Gott Geliebten, glauben konnten. Sie mußten erfahren, daß gerade Gott den Gekreuzigten nicht verlassen hat, ja, daß er, der Gott des Lebens, in ihm auf uns zugekommen ist. Die Auferweckung Jesu bestätigt die Sendung und die Predigt Jesu bestätigt sein Wort und sein Werk, bestätigt ihn, den Boten Gottes. Deshalb ist die Auferweckung Jesu nicht ein Privatereignis, das an ihm selbst geschehen ist und nur für ihn selbst reserviert ist. „Er war wie Gott, hielt aber nicht daran fest, Gott gleich zu sein, sondern entäußerte sich, wurde wie ein Sklave und den Menschen gleich. Sein Leben war das eines Menschen; er erniedrigte sich und war gehorsam bis zum Tod, bis zum Tod am Kreuz. Darum hat ihn Gott über alle erhöht und ihm den Namen verliehen, der jeden Namen übertrifft, damit vor dem Namen Jesu alle Mächte im Himmel, auf der Erde und unter der Erde ihre Knie beugen, und jede Zunge bekennt: Herr ist Jesus Christus zur Ehre Gottes, des Vaters" (Phil 2, 6–11).

Jesu Auferweckung ist nicht ein Privat- und Zufallswunder in einer Welt, die ansonsten davon nichts gemerkt hatte und davon nicht berührt wurde. Jesu Auferweckung ist der Anfang der endgültigen Verwandlung der Welt und des Menschen. Nun heißt er „der Erste der Entschlafenen" (1 Kor 15, 20), „der Erstgeborene der Toten" (1 Kol 1, 18), „der Urheber des Lebens" (Apg 3, 15). Die Auferstehung bedeutet nicht, daß sein Tod rückgängig gemacht werden sollte, denn das wäre kaum eine frohe Botschaft für die Welt geworden. Die Botschaft hätte nur Jesus gegolten. Christus wird verkündet als der, dessen neue Wirklichkeit sich „heute" und auch jetzt uns geöffnet hat, denn „Christus ist gestorben und lebendig geworden, um Herr zu sein über Tote und Lebende" (Röm 14, 9). Dieses Herrsein verändert die Welt. Der Tod hat seinen Schrecken verloren. Nun handelt Gott und so ändert sich die Lage, daß das, was den Menschen selbstverständlich ist, zur siegreichen, nie erwarteten Frage werden kann: „Tod, wo ist dein Sieg?" (1 Kor 15, 55).

Uns ist der Sieg geschenkt, den Gott im Herrn Jesus Christus errungen hat (1 Kor 15,57). Gott ändert und verwandelt die Welt und diese Verwandlung kommt zum Vorschein im Licht der Auferstehung. Gott kommt auf die Welt zu, indem er den Gekreuzigten aufnimmt in seine Herrlichkeit und damit in die Herrlichkeit seines Reiches. So macht er die Totenauferweckung zur Zukunft all derer, die er zu Erben seines Reiches bestimmt hat (Röm 8, 17.30).

Mitten in die Geschichte der Welt, deren Gesetz der Tod und deren dauernde Qual die Leiden in ihrer tausendfältigen Form sind, wird Gottes kommende Welt sichtbar. Dadurch, daß der Gekreuzigte als der Auferstandene verkündet wird, wirkt die Auferstehung nicht nur in eine neue Zukunft; sie greift auch zurück auf das Ereignis des Todes, bestätigt und verherrlicht alles Menschliche in Jesu Leben. Gott selbst nimmt das Menschliche an, das in Jesus geschehen ist, und wirkt den neuen Menschen.

Die Auferweckung des Gekreuzigten ist der Anfang der Auferweckung der Toten. So verbindet sich die Zukunft Gottes mit der Vergangenheit der Toten und drückt nicht nur Hoffnung für die Zukünftigen aus, sondern Hoffnung für die Zukunft alles Vergangenen. In der Auferweckung Jesu von den Toten ist eine Gewißheit der Zukunft jedes Getöteten und jedes Sterbenden. Darum wird ein Toter verkündet und seine Erinnerung ist nicht ausgelöscht, sondern in seiner Auferstehung ist alles bewahrt, verklärt und verherrlicht, was er erlitten hat. An den Erscheinungen des Gekreuzigten entzündet sich die christliche Auferstehungshoffnung und zuerst erleuchtet sie nach rückwärts den, der am Kreuz gestorben ist. Darum wird im Lobpreis der Auferstehung der Tote und Gekreuzigte nicht vergessen. Sein Tod wird verkündet, weil darin alle Schwachheit, Gottesferne und Todesbedrohtheit des Menschen gnädig ihren Hort gefunden hat. Von ihm her und durch ihn breitet sich dann die Auferstehungshoffnung aus auf die Lebenden und die Toten. „Wir wurden mit ihm begraben durch die Taufe auf den Tod, damit so, wie Christus durch die Herrlichkeit des Vaters von den Toten auferweckt wurde, auch wir in dieser neuen Wirklichkeit leben. Wenn wir nämlich mit der Gestalt seines Todes vereinigt worden sind, dann werden wir es auch mit der Gestalt seiner Auferstehung sein" (Röm 6, 4–5).

Der Kommende trägt die Wundmale des Kreuzes

In Jesus Christus dem Gekreuzigten und Auferstandenen erfährt der christliche Glaube, was Gott an der Welt und am Menschen getan hat, und was Gott in seiner Liebe an dieser Welt tun wird. Wenn im Johannesevangelium der Auferstandene den Jüngern seine Hände und seine Seite zeigt, wenn er Tomas auffordert, seine Finger in die Nagelwunden zu legen, dann begreift der Jünger Christi im buchstäblichen Sinn, in den Malen des Gekreuzigten seine eigene Todeswunde, die er als Mensch an sich trägt. In dem Ausruf „Mein Herr und mein Gott" bekennt er sich zur Macht Gottes, die er dankbar preisend erkennt, und die er nun in all seinem Glauben und Hoffen an sich wirken sieht, wie sie es bei Christus getan hat.

Zwei Seiten also hat das österliche Sehen der Zeugen: An der Gestalt Jesu sehen sie den Vorschein der kommenden Herrlichkeit des Reiches Gottes, und die Zeugen erkennen Jesus wieder an dem Zeichen der Kreuzigung. Sie sahen Jesus in der Herrlichkeit des kommenden Gottes und die Herrlichkeit des kommenden Gottes in Jesus. Deshalb gehen die Jünger auch, obwohl dies der gefährlichste Ort für sie war, von Galiläa nach Jerusalem zurück. Denn der Tempelberg ist bis zum heutigen Tag einer der Orte, an dem die Ankunft des Messias und Menschensohnes erwartet wird. Zugleich aber offenbart sich in der Auferstehung Gott als ein Gott für den Menschen, als Gott der Gottlosen und der Verachteten, als Gott der Geschlagenen und der Gekreuzigten.

Dies ist das neue Licht von Ostern, „da nämlich durch einen Menschen der Tod gekommen ist, kommt durch einen Menschen auch die Auferstehung der Toten" (1 Kor 15,21). „Denn der Gott, der sprach: Aus Finsternis soll Licht aufleuchten, er ist in unseren Herzen aufgeleuchtet, damit wir erleuchtet werden zur Erkenntnis des göttlichen Glanzes auf dem Antlitz Christi" (2 Kor 4, 6).

Die Verkündigung angesichts der Welt

Diese Verkündigung von Gottes Nähe im Gekreuzigten, der auferweckt wurde, geschieht nun angesichts der Welt. Es ist die Überzeugung des Glaubens, daß Gott mit dem Gekreuzigten durch die Auferstehung ganz eins geworden ist, und daß dieses Einssein Gottes mit Jesus allen Glaubenden zugute kommt. Gott hat ein neues Verhältnis zum Menschen dadurch aufgerichtet, daß er in der Auferstehung in ein lebenspendendes Verhältnis zum toten Jesus getreten ist. Gott offenbart sein eigenes Wesen, indem er in unendlich liebender Weise sich mit dem gekreuzigten und sterbenden Jesus verbindet und ihn zum Leben ruft. Die Liebe Gottes schafft das neue Leben, und liebend schafft Gott den neuen Menschen. Darum behält im österlichen Glauben der Kreuzestod Jesu seine bleibende und einzigartige Bedeutung. Es ist Gott selbst, der in seiner göttlichen Freiheit ein für allemal bekundet, daß er durch Jesus die Vollendung des Menschen und seiner Geschichte wirken will.

Zugleich aber wird sichtbar, daß alle Gottferne und Todesmacht, daß alle Schuld und Sünde, die den Gotteszeugen Jesus ablehnt und dadurch ans Kreuz bringt, in dieser Tat Gottes entmachtet und besiegt wird. „Gott aber hat seine Liebe zu uns darin erwiesen, daß Christus für uns gestorben ist, als wir noch Sünder waren" (Röm 5,8). Der Schrei und Ruf des am Kreuz Sterbenden nach Gott und nach der Treue Gottes wird in der Auferstehung beantwortet. Die Verurteilung des Gottlosen wird zur Rechtfertigung all derer, die an den Namen des Vaters glauben, der ihnen vom Sohn geoffenbart wurde. Der Gott der Auferstehung ist größer als der Gott des Gesetzes und der Tora, die dem Menschen Tag um Tag seine Sünde von neuem beweist. Gott stellt sich auf die Seite Jesu, der Schranken und Grenzen überschritten hat, um dem Menschen in seiner Verlorenheit und in seiner Verlassenheit zu begegnen. So ist der Mensch mit Gott versöhnt. Das ist zugleich die Osterbotschaft, die Versöhnung des Menschen mit dem Menschen in der Versöhnung des Menschen mit Gott. „Da wir mit Gott versöhnt wurden durch den Tod seines Sohnes, als wir noch Feinde waren, werden wir erst recht, nachdem wir versöhnt sind, gerettet werden durch sein Leben" (Röm 5, 10).

Kein Wunder also, daß die Gemeinde allen Grund hat, diese Tat Gottes zu feiern und zu preisen „bis er kommt in Herrlichkeit". Dabei weiß sie, daß diese Auferstehung an ihr selbst und an ihrem Leben zu geschehen hat. Die Freiheit und das Leben, die in der Auferstehung gewährt werden, sind die Freiheit und das Leben des Gekreuzigten. Daher kann sie in der Gemeinde nicht geübt werden am anderen vorbei oder auf seine Kosten, wie es in Korinth geschah. Im Glauben an die Auferstehung feiert dort die Gemeinde die Schwachheit ihres Gottes, wie sie sich in der Schwachheit des Kreuzes unmißverständlich gezeigt hat. Darum will der Apostel bei der Gemeinde nichts anderes wissen „außer Jesus Christus, und zwar als Gekreuzigten" (1 Kor 2,2). Also gilt es in der Nachfolge Jesu „auf unbedingte Selbstdurchsetzung zu verzichten und den anderen wirklich ernst zu nehmen" (Kessler, Erlösung als Befreiung, 1972, 35; vgl. 129–130). Die Gemeinde weiß, daß die „Schwachheit Gottes" seine Liebe zu allen Schwachen und Gequälten bleibt, solange diese Welt besteht. Denn in diesem Niedrigen und in dem Todgeweihten hat Gott gehandelt und seine Liebe geoffenbart. Die Auferstehung wird im Glauben und in der Hoffnung ergriffen, und so lange bleibt das Kreuz Jesu Ärgernis und Torheit für die Welt, und seine Auferweckung ist an ihr nicht beweisbar, es sei denn durch die Freiheit eines Glaubens, der dieser Welt widerspricht, und der darum angefochtener Glaube ist. So sagt der Apostel, daß diese Auferweckung im Leben und Alltag der Gemeinde zu verwirklichen ist. Es gilt also, den alten Sauerteig fortzuwerfen. „Ihr seid ja schon ungesäuertes Brot; denn als unser Paschalamm ist Christus geopfert worden. Laßt uns also das Fest nicht mit dem alten Sauerteig feiern, nicht mit dem Sauerteig der Bosheit und Schlechtigkeit, sondern mit den ungesäuerten Broten der Reinheit und Wahrheit" (1 Kor 5,7–8).

Literaturverzeichnis

(Biblisch)

Baumann, Rolf
Mitte und Norm des Christlichen, Münster Westfalen 1968

Conzelmann, Hans
Ellen Flessemann – van Leer, Ernst Haenchen, Ernst Käsemann, Eduard Lohse, Zur Bedeutung des Todes Jesu, Exegetische Beiträge, Gütersloh 1967

Kremer, Jacob
Das Ärgernis des Kreuzes, Stuttgart 1969

Ortkemper, Franz Josef
Die Kreuzesbotschaft des Apostels Paulus als Mitte seines Evangeliums, in: Bibel und Kirche 1968, Heft 1, 5–12

Pesch, Rudolf
Der Tod des Stephanus im Vergleich mit dem Tod Christi, in: Bibel und Kirche 1969, Heft 1, 10–11

Richter, Georg
Die Deutung des Kreuzestodes Jesu in der Leidensgeschichte des Johannesevangeliums (Joh 13–19), in: Bibel und Leben 1968, Heft 1, 21–36

Schelkle, Hermann
Die Passion Jesu in der Verkündigung des Neuen Testamentes, Heidelberg 1949
Theologie des neuen Testamentes – Band 2 – Gott war in Christus, Erlösung und Heil, Düsseldorf 1973

Schnackenburg, Rudolf
Exegese als Zugang zur Verkündigung, in „Exegese und Verkündigung", Stuttgart 1964, 8

Schürmann, Heinz
Orientierung an Jesus: „Wie hat Jesus seinen Tod bestanden und verstanden?", Freiburg 1973

Stöger, Alois
Eigenart und Botschaft der lukanischen Passionsgeschichte, in: Bibel und Kirche 1969, Heft 1,4–8

Vögtle, Anton
Die Frage eines heilsmittlerischen Todesverständnisses Jesu (Vorlesungsskriptum)

(Systematisch)

Gershake, Gisbert
Erlösung und Freiheit, Zur Neuinterpretation der Erlösungslehre Anselms von Canterbury, in: Theologische Quartalschrift 1973, Heft 4, 323–345

Höfer, Albert
Zur Verkündigung der Passion Jesu, in: „Der Seelsorger", 1968, Heft 2, 127–130

Gollwitzer, Helmut
Von der Stellvertretung Gottes, München 1967

Kasper, Walter
Revolution im Gottesverständnis, in: Theologische Quartalschrift 1973, Heft 1, 8–14

Kessler, Hans
Die theologische Bedeutung des Todes Jesu, Eine traditionsgeschichtliche Untersuchung, Düsseldorf 1970
Erlösung als Befreiung, Düsseldorf 1972
Erlösung als Befreiung? in: Stimmen der Zeit 1974, Heft 1, 3–12
Kontroverse über den Kreuzestod, in: Herder – Korrespondenz 1968, Heft 3, 360–363

Moltmann, Jürgen
Der gekreuzigte Gott, Das Kreuz Christi als Grund und Kritik christlicher Theologie, München 1972

Pesch, Otto Hermann
Rechenschaft über den Glauben, Mainz 1970

Ratzinger, Joseph
Einführung in das Christentum, München 1968

Seckler, Max
Jesus Christus – für mich gelebt und gestorben, in: Hoffnungsversuche, Freiburg 1972

Sölle, Dorothee
Stellvertretung, München 1967

Mitscherlich, Alexander
Die Idee des Friedens und die menschliche Aggressivität, Baden-Baden 1969

Steinbuch, Karl
Die informierte Gesellschaft, Stuttgart 1969

(Predigtsammlungen)

Bautz, Friedrich Wilhelm
Das Wort vom Kreuz, Evangelische und katholische Theologen verkünden Christus den Gekreuzigten, Einsiedeln – Zürich – Köln 1967
Freitag vom Leiden und Sterben des Herrn, Am Tisch des Wortes, Heft 2, Stuttgart 1965

Nitschke, Horst
Das Wort vom Kreuz heute gesagt, Gütersloh 1973